법 만드는 청소부

법 만드는 청소부

― 정세균이 꿈꾸는 세상에 대하여

고병국 지음
이우영 그림

법 만드는 청소부

초판 7쇄 발행 2021년 4월 29일

글쓴이 고병국
펴낸이 김정한
디자인 전병준

펴낸곳 어마마마
임프린트 이불

출판등록 2010년 3월 19일 제 300-2010-35호
주소 서울특별시 종로구 율곡로 191-1 디그낙 빌딩 3층
문의 070-4213-5130 (편집) 02-725-5130 (팩스)
© 고병국, 2021

ISBN 979-11-87361-11-4 03340

예산안을 걸고 그는 그렇게 선전포고를
던졌다. 네 시간 뒤, 항복 선언이 접수되었고,
청소노동자들은 그토록 바라던
직접고용의 꿈을 이루게 되었다.
......(중략)
그가 일자리 문제를 이야기할 때마다
꺼내드는 사례가 있다.
"케네디 대통령이 어느 날 나사(NASA)를 찾았다.
그는 청사에서 마주친 한 청소부에게
무슨 일을 하느냐고 물었다.
그러자 청소부는 대답했다.
저는 우주인을 우주에 보내는 일에 종사합니다."
아마도 그는 법 만드는 국회 청소노동자를
꿈꾸었을 것이다.

〈법 만드는 청소부〉 중에서

그가 정치를 하는 이유

정세균. 나는 그를 20대에 만나 지금은 50대가 되었다. 나의 청춘을 그와 함께 걸었다. 20여년의 시간을 함께 보냈지만 나는 그가 왜 정치를 하는지 늘 의문이었다. 오직 일에만 몰두하여 사는 워커홀릭, 사생활이 전혀 보장되지 않는 공인, 선거 때마다 표를 구해야 하는 스트레스. 이 모든 압박과 과로를 감수하면서까지 '정치'라는 것을 해야 하나? 내가 '국회의원 그딴 건 안 할 거야'라고 마음먹은 이유는 어쩌면 그런 정세균 때문이었다.

그가 왜 정치를 할까? 하나의 사건을 계기로 나는 그토록 오래 고민하던 방정식을 풀 수 있었다. 2017년 국회 청소노동자 직접고용 전환이다. 그가 국회의장에 취임하자 국회 청소노동자는 '파견직'이 아니라 '국회직원'이 되고 싶다고, 그렇게 해달라고 간청했다. 합당한 요구였고, 불가능한 일도 아니었다.

국회 청소노동자들은 이전 국회의장에게도 같은 요구를 했었다. 모두 그러마고 약속했지만 결국 지켜지지 못했다. 정세균 국회의장도 약속은 했지만, 막상 해보려하니 쉬운 일은 아니었다. 기재부, 총리실, 청와대까지 설득하고 설득했지만, 일이 성사될 기미가 보이지 않았다.

사실, 나는 이쯤에서 그가 포기할 줄 알았다. '미스터 스마일'이라는 별명처럼 그는 온화하고 합리적인 정치가다. 그런 이유로 그가 유약해 보인다는 평도 많다. 그런 그가 '직접고용'을 위해 거칠게 싸웠다. 예산안 자체를 상정하지 않겠다며 최후통첩을 보내고 버티면서 결국 관철시키고 만다.

그렇게 큰 의미를 둘 일이냐고 반문하는 사람도 있겠지만, 그가 물러서지 않은 이유는 그가 정치를 하는 이유

였기 때문이다. 사람들이 각자 원하는 삶을 추구하고 이를 실현하기 위해 노력하며, 그에 따른 정당한 보상을 받는 사회. 아마도 그가 꿈꾸는 세상이 '직접고용 사건'에 담겨 있었던 것이다.

돌이켜 생각해보니 늘 그랬다. 그는 영웅적 카리스마를 롤 모델로 삼지 않았다. 사람들이 먹고살 걱정을 덜고, 인간적 품위를 지켜갈 수 있기를 소망했다. 불의와 타협하지 않아도 되는 공정한 사회, 정직해도 손해 보지 않는 세상을 꿈꾸었다. 반걸음이라도 개혁이 옳다. 진보도 유능해야 한다. 이 원칙과 기준으로 '쉼 없이' 정치가의 길을 걸어왔다.

사람은 누구나 존엄과 가치를 갖고 있다. 사람이 하는 일은 모두 우리 공동체에 이바지하는 쓸모 있는 일이다.

자기가 좋아하는 일에 매진하며 성과를 내고 정당한 보상을 받는 세상. 그런 세상을 위해 뚜벅뚜벅 한 길을 걸어온 사람 정세균. 지금까지 그랬던 것처럼 '끝없이' 그 길을 갈 것이다. 우리도 함께 간다.

서울시의원 고병국

모르고 지나쳤던 풀꽃

자세히 보아야 예쁘다.

정세균 총리에 관한 삽화 작업을 마치고 떠올린 나태주 시 '풀꽃'의 한 구절입니다. 대기업 임원을 거쳐 장관, 당 대표, 국회의장과 총리까지, 대통령 빼고 웬만한 주요 자리를 두루 거치는 오랜 세월, 국민과 함께 했으나 어쩐 일인지 많은 이들에게 알려져 있지 않았던 그의 행적을 글로 읽고 이미지로 그리면서 그동안 잘 모르고 지나쳤던 풀꽃 같은 그의 아름다움을 느끼게 되었나 봅니다.

'미스터 스마일'이라는 별명답게 유독 웃음 짓고 있는 이미지가 많은 그. 그렇다고 맥없이 온화한 웃음만 날리지는 않았습니다. 가야 할 길이 정해지면 누구보다 용감하게 앞길을 개척해 나가는 투사의 모습도 볼 수 있었습니다. 그가 코로나 총리의 임무를 무사히 마치고 더 큰 뜻을 펼칠 수 있기를, 많은 사람들이 풀꽃 같은 그의 아름다움을 발견할 수 있기를 기원합니다.

만화가 이우영

차례

정치가를 꿈꾸는 초등학생

그가 정치인이 되려고 마음먹은 건, 조금은 놀라운 일이지만 초등학교 때였다고 한다. 많은 아이들이 장래희망란에 '대통령'이라고 쓰던 시절이지만, 정말 대통령이 되려고 진지하게 노력하는 아이들은 몇이나 있었을까? 그는 조금 달랐다. 열 살 남짓의 나이에 정치가의 꿈을 처음 새겼고, 오직 그 꿈 하나만 보고 걸어왔다고 한다. 어떻게 그런 일이 가능했을까?

우선, 아버님의 영향이 컸다. 문과에 급제해서 벼슬을 했던 5대조 할아버지 이야기를 들려주면서 "너는 커서 큰 사람이 돼야 한다."고 아버님이 늘 말씀하셨다고 한다. 아버님에게 '큰 사람'의 임무를 부여받은 그는 처음으로 '선거'라는 걸 경험하게 된다. 1960년 제 5대 민의원 선거. 그는 난생 처음 동네 담벼락에 붙은 선거 벽보들을 접하고, 벽보 속의 사람들과 온갖 선거 구호들을 신기한 듯 쳐다보게 된다. 그 순간, 그는 마음 속으로 이런 다짐을 했다. '나도 언젠가 저런 벽보에 나오는 사람이 되어야겠다.'

그의 어렴풋한 기억은 여기까지다. 선거 벽보가 왜 무진장 산골소년의 마음을 사로잡게 되었을까? 네모난 벽보가 그 시절 시골마을의 지독한 가난에서 벗어날 수 있는 출구로 보인 건 아니었을까? 열 살 남짓 소년의 마음이 어디까지 헤아렸는지 알 길은 없다. 신기한 건, 그날 이후 그의 어린 꿈은 단 한 순간도 흔들리지 않았다는 것이다.

어린 나이에 국회에 진출하는 목표를 세운 그는 그 목표를 위하여 필요한 일들을 하나하나 실천하기 시작한다. 정치가로서 연설을 잘하려면? 그는 웅변을 배우고 웅변대회에 나가 여러 번 입상을 한다. 정치가의 기본 자질인 리더십을 익히려면? 고등학교, 대학교 때 학생회장 선거에 도전, 당선된다. 남들보다 더 넓은 시야의 정치가가 되려면? 종합무역상사에 들어간 그는 오랜 시간 세계 경제의 흐름을 읽고 나라 경제를 이해하는 전문가가 된다. 마치 '정치가'라는 하나의 탑을 완성하기 위하여 정성스럽게 벽돌을 쌓아올리듯, 그는 그렇게 걸어왔다.

———

운명처럼 정치를 시작하는 사람도 있고, 다른 분야에서 성공한 뒤 비로소 정치를 꿈꾸는 사람도 있다. 초등학교 시절부터 자신 있게 나의 꿈은 '정치가'라고 말하는 사람은 아마, 극히 드물 것이다. 그의 남다름은 어쩌면, 하나의 꿈을 향하여 오래 걸어온 사람만이 가질 수 있는 실력에서 나오는 게 아닐까, 생각한다.

문을 두드리는 용기

그는 7남매 중 셋째로 태어났다. '7남매'만으로도 충분히 짐작이 되지만, 그의 집안 형편은 그리 넉넉하지 못했다. 초등학교에선 월반을 할 정도로 똑똑했지만, 그는 정식 중학교 입학을 포기하고 '돈이 안 드는 대신 학력은 인정되지 않는' 고등공민학교를 다니게 된다.

그는 검정고시를 합격한 뒤 진로를 고민하다가 "100% 취직되는 학교"라는 말에 솔깃해 전주공업고등학교에 입학을 하게 된다. 전주라는 대처에 나와 그는 세상의 이런 저런 이야기를 접하게 되었을 것이다. 큰 인물이 되려면 취직보다는 대학 입학이 필요하다는 것도 알게 되었을 것이고, 결국, 대학에 가기로 결심을 하게 된다. 집안에 돈이 없어도 노력만 하면 대학에 갈 수 있다는 걸 알게 되었기 때문이다.

대학에 가려면 인문계 고등학교로 옮겨야 한다. 어떻게 옮겨야 할까? 그가 택한 방법은 '돌직구'. 무작정 인근의 인문계 고등학교인 전주신흥고등학교의 교장실 문을 두드린 것이다. 교장선생님께 자신의 성적표를 보여주고는 대학에 가고 싶다는 의지를 밝힌다. 당돌하고도 용감한 그가 기특했는지, 교장은 그 자리에서 그 학교 모의고사 문제로 그를 테스트했다. 전교 1등에 필적하는 점수가 나오자 교장은 바로 입학을 허하셨다고. 허락은 받았지만, 그는 막상 학교에 다닐만한 돈을 어디서도 구해올 수 없었다. 물에서 건져놓으니 보따리 내놓으라는 식으로 그는 이렇게 뻔뻔하게 말했다고 한다. "학비도 면제해주고 장학금도 주셔야 다닐 수 있습니다. 방법을 찾아주십시오."

요즘엔 꿈도 못 꿀 일이다. 특혜 입학이니, 불공정이니

해서 아마 난리가 났을지도 모른다. 그 시절엔 공부가 목말라 간절히 두드리는 사람에게는 이런 기적 같은 일이 일어나기도 했다. 학교는 목마른 그에게 학교 매점에서 일하는 근로 장학생의 특전까지 베풀어준다. 학교에 은혜를 갚는 심정으로 열심히 공부했기 때문일까? 그는 당당히 전교 1등으로 그 학교를 졸업하게 된다.

——

2012년 총선에서 그는 종로에 돌직구를 또 한번 던졌다. 1998년 보궐선거에서 노무현 전 대통령이 국회의원으로 당선된 이력을 빼면, 종로에서는 정시 선거에서 단 한 번도 민주당 당선자를 배출하지 못 했다. 민주당의 무덤이라 불리던 종로의 문을 두드리며 그는 이렇게 말했다. "여기서 떨어지면 정치는 그만 접는다."

빵돌이, 학생회장이 되다

그는 운 좋게 매점 알바 자리를 얻어 고등학교를 다닐 수 있었다. 당시 그의 친구들은 매점에서 빵을 파는 학생을 '빵돌이'라 불렀다. 그것은 조롱의 의미가 담긴 별명이었지만, 그는 그렇게 부르는 친구들에게 얼굴을 붉히거나 싸움을 걸지 않았다. 빵돌이로서 친구들에게 열심히 빵을 건넸을 뿐이다. 어떤 수모를 당해도 공부만 잘하면 그런 놀림쯤은 아무것도 아니라고 믿었기 때문이다.

'빵돌이'로 열심히 일하면서도 그는 최상위권 성적을 유지했다. 그렇게 주경야독으로 노력한 결과, 3학년 때에 전액 장학금을 받게 된다. 장학금 덕분에 더 이상 '빵돌이'를 할 필요가 없어졌고, 그는 학생회장 선거에 도전하기로 결심한다. 그에게는 정치인의 꿈을 이루기 위해서 거쳐야 하는 첫 번째 관문이었던 셈이다. 초등학교부터 갈고 닦은 웅변 실력으로 힘차게 연설을 하고 자신을 지지하는 표가 하나둘 늘어나는 걸 볼 때, 그는 처음으로 어떤 희열을 느꼈다고 한다. 그렇게 열심히 선거운동을 한 결과, 그는 생애 첫 번째 선출직에 오르게 된다. 개천에서 용이 나듯, 매점의 빵돌이가 일약 학생회장에 오른 것이다.

 '빵돌이'라는 놀림은 그에게 열등감을 안겨주기보다, 하나의 좋은 자극제로 작용한 게 아닐까. 낮에는 일하고 밤에는 공부하면서 그는 전액 장학금을 따내고 학생회장의 자리까지 올랐다. 정치인의 꿈을 향하여 첫 걸음마를 뗐다는 의미도 있었겠지만, 그에겐 학생회장으로서 남다른 포부가 있었다. 가난한 집에서 태어나 자신과 같은 처지에 있는 친구들, 낮에 일하고 밤에 공부하지 않으면 학교를 다닐 수 없는 '빵돌이' 같은 친구들에게 힘이 되는 학생회장이 되겠다는 다짐이 그것이다. 그 시절 그가 품었던 '빵돌이'의 초심은 이후에도 그가 정치의 길을 쉼 없이 걸어가게 하는 원동력이 되었으리라.

———

2021년 1월 8일 국회에서 열린 긴급현안질의. 정의당 배진교 의원의 질의에 응답하는 과정에서 그는 눈물에 목이 메어 말을 잇지 못 했다. "임대료를, 영업을 못 하면서 부담해야 하는 자영업자, 그 눈물을 어떻게 닦아줄 것인가."라는 말 끝에 일어난 돌발 상황이다. 잠시 눈물을 수습한 뒤에도 그의 목소리에는 울음기가 섞여있었고, 그가 힘겹게 덧붙였다. "정말 힘든 일이죠." 고등학교 시절 '빵돌이'의 설움을 알지 못했다면, 그가 그런 공감의 눈물을 흘릴 수 있었을까, 나는 그 모습을 보며 혼자 생각했다.

해직기자, 광주에 가다

그는 삼수 끝에 고대 법대에 합격했다. 사법고시를 준비할 마음으로 들어간 학교였지만, 1학년 때 그는 고대신문사 기자를 지원한다. 수습을 끝내고 드디어 정식 기자가 되었지만, 얼마 가지 않아 잘리게 된다. 주간 선생님이 쓰지 말라는 기사를 밀어붙인 주동자 중 한 명이라는 이유에서다. 신문사에서 나오고 그는 사법고시 준비에 들어가지만, 그 준비 와중에 평생 잊지 못할 하나의 사건과 조우하게 된다. 그의 인생 뿐 아니라 한국 현대사, 특히 서울 개발사에서 전무후무한 '흑역사'로 기억되는 광주 대단지 사건이 바로 그것이다.

어느 날 그는 경기도 광주(지금의 성남시)에서 폭동이 일어났다는 기사를 접하게 되었는데, 신문에는 마치 일군의 시민들이 폭동을 일으켰다는 식으로 보도되어 있었다. 당시, 세상에 밝았던 친구들의 분석은 달랐다. 청계

천, 용산 등지의 빈민들을 경기도 광주로 무리하게 이주시킨 당국의 책임이 크다는 것이었다. 전직 고대신문사 기자의 취재 본능 때문이었을까, 그는 친구들과 사건의 현장으로 출동한다. 그 곳엔 끝없이 천막이 펼쳐져 있었는데, 한 천막에 여덟 가구가 미어터질 듯 모여 살고 있었고, 30가구당 화장실은 단 하나 뿐이었다. 견디다 못한 사람들은 얼기설기 집을 지으려 했지만, 서울시에서 평당 1만원을 내고 땅을 불하 받으라는 통지서가 날아온다. 결국, 분노한 시민들은 경찰서를 부수고 버스를 탈취했으나, 한나절 만에 진압되고 만다. 이후, 박정희 유신독재는 진압에 만족하지 않고 반공법 위반으로 주동자들을 잡아들였다. 생존을 위하여 저항해도 빨갱이 낙인이 찍히던, 참으로 어두운 시절이었다.

현장을 다녀온 그는 고시 공부가 손에 잡히지 않아

재차 그 곳에 갔지만 그가 마땅히 할 수 있는 일은 없었다. 그는 무력감만 안은 채 터덜터덜 도서관으로 돌아와야 했다. 처음으로 유신독재의 잔혹함을 뼈저리게 느낀 그는 이 '광주대단지 사건'을 계기로 가난하고 핍박받는 이들과 함께 하는 의로운 정치가가 되겠다는 결심을 굳히게 된다.

—

8년 동안 그가 국회의원을 지낸 종로구에는 2곳의 쪽방촌이 있다. 성인 1명이 겨우 누울 수 있는 쪽방들이 밀집된 대표적인 빈민 주거지다. 그는 '쪽방촌'의 생활환경 개선을 위해 대통령직속 지역발전위원회와 국토부 관계자들을 설득하여 제법 많은 국비를 끌어왔다. 그는 그 곳에서 그 옛날 광주대단지를 떠올리지 않았을까? 여전히, 몸 누일 방 한칸 없이 힘겨워하는 사람들을 보며 남몰래 눈물을 훔치지 않았을까?

변호사도, 기자도 운명이 아닌,

그가 수많은 학과 중에서 법학과를 선택한 이유는, 법조인이 되는 것을 인생의 일차 목표로 삼아서였다. 그는 어느 인터뷰에서 가난하고 힘 없는 사람을 위해 일하는 '인권변호사'가 되고 싶었다고 밝혔다. 사법고시를 거쳐 그 꿈을 이룬 뒤에, 인권변호사의 경험을 토대로 그는 서민을 위해 일하는 정치인의 길을 가려고 했던 것이다.

그가 대학 2학년이었던 72년, 시월 유신이 선포된다. 박정희 독재가 본격적으로 마수를 드러내는 시점에 그는 아이러니하게도 사법고시 준비를 시작하게 된다. 그가 사법고시를 포기하게 된 이유는 그리 복잡하지 않다. 친구의 결정적인 한마디가 고시의 길을 접게 했다. 어떤 말일까? "야, 우리가 민주헌법이 아닌 유신헌법을 가지고 공부해서 고시에 합격한들 이게 무슨 의미가 있겠냐. 우리 같이 그만두자." 친구 따라 강남 간 게 아니라 그는 그렇게 친구 따라 고시를 그만두었다. 친구의 말을 오래 곱씹어 고민하지도 않았다고 한다. 친구의 말이 너무나도 옳은 말이었으니까. 1번 코스 변호사의 길은 그의 운명에서 그렇게 사라지게 된다.

다음으로 그가 염두에 둔 건, 동아일보 기자였다. (그 당시만 해도 동아일보는 박정희 정권에 대항하는 진보언론이었다.) 물론, 평생 저널리스트를 꿈꾼 게 아니라, 기자의 경험을 쌓은 뒤에 정치에 도전하기 위함이었다. 그때나 지금이나 기자라는 직업은 '정치'라는 최종 목적지로 이동하기에 유리한 면이 많다. 그런데 그의 운명에 2번 코스 기자의 길도 어느 순간, 사라지게 된다. 기자가 될 결심을 굳힐 때쯤, 동아일보 해직사태가 터진다, 박정희 정권의 탄압으로 수많은 기자와 사원이 동아일보에서 쫓겨나게 되었고, 동아일보는 더 이상 그에겐 몸 담고 싶은 언론이 아니었다. "이 모든 게 박정희 때문이다." 그는 그렇게 중얼거렸을까. 그가 가려는 길은 언제나 박정희 유신독 재가 막아섰던 것이다. 그는 '박정희'라는 장애물을 피하 여 새로운 운명을 찾아나설 수 밖에 없었다.

——

저 이야기를 듣고 나니 사법고시를 포기하자고 제안 했던 친구가 지금, 어디서 뭘 하는지 나는 궁금했다. 그 분은 지금 무슨 일을 하냐고 여쭈어봤다. 변호사를 한 다고 했다. 순간, 나도 모르게 웃음이 터졌다. 경쟁자 를 제거하기 위한 꼼수였던 거. 그런데 또 하나 궁금한 게 있다. 그가 법조인이 되었어도, 혹은 기자가 되었어 도 지금과 같은 정치인이 되었을까, 글쎄, 그건 알 수 없는 일이다.

돈 안 드는 선거

유신 헌법을 공부하느니 변호사의 꿈을 접겠다고 선언한 그는 고려대학교 총학생회장 선거에 도전하게 된다. 아직, 학생운동권이 형성되기 전이어서 때로 총학생회장 선거에 많은 자금이 동원되던 시절이었다. 아마도, 집안에 돈 있고 빽 있는 후보가 등장하면 일어나는 부패였던 것 같고, 그걸 규제할만한 마땅한 학칙도 없었던 걸로 보인다.

법학과 학회장이었던 그는 법대 친구들의 독려 하에 선거에 나서게 되지만, 동원할 자금은 한 푼도 없었다. 법대는 고대 전체에 비하여 인원도 소수인데다가, 그의 모교인 신흥고등학교 출신도 고대에서 소수자이긴 마찬가지. 그런 수적 열세를 극복할만한 자금도 없는 상황이니, 국회의원 선거로 치면 떨어질 게 너무 뻔한 선거였던 거 같다. 그런 불리한 상황에서도 그는 오직, 인물 중심의 정면 승부를 펼쳤고, 결국 총학생회장에 당선된다.

돈 안 드는 선거 덕분에 총학생회장이 될 수 있었던 그는 20여년 뒤인 1995년 총선에서도 '돈 안 드는 선거'를 보장하는 통합선거법이 통과된 뒤에야 비로소 국회의원이 되었다. 돈 있는 사람들만이 정치할 수 있는 세상이 변하지 않고 그대로 있었다면, 그는 총학생회장도, 국회의원도 될 수 없었을 지도 모른다.

유신 치하, 긴급조치가 발령된 상황에서 총학생회장이 된 그는 유신반대 집회를 조직하다가 경찰서에 끌려가기도 했다. 그러나 아직 유신독재가 유화정책을 펼 시기여서 기소도 안 되고 풀려난다. 그가 대학을 떠날 무렵에는 상황이 돌변하기 시작한다. 박정희 유신 독재가 대학가를 중심으로 그 잔혹한 본색을 드러내기 시작한 것이다. 독재에 저항하는 후배들이 감옥으로 끌려가는, 암울한 풍경을 속수무책으로 바라보면서 그는 대학을 떠나 사회를 향하여 무거운 발걸음을 옮기게 된다.

——

지방에서 선거운동을 할 때로 기억한다. 하루 일과를 마치고 숙소를 잡을 때마다 보좌관은 늘 '의전'의 수위를 고민한다. 이미, 재선 국회의원이었던 그의 위신을 생각해서 나는 조금은 비싼 호텔 방을 잡아드렸다. 그렇다고 터무니 없이 여유로운 방도 아니었다. 다음날 아침, 체크아웃을 마치고 돌아선 그가 말했다. "앞으로는 이런 방 잡지 마라. 나 돈 없다."

세계를 배우고 돌아오다

변호사의 길도, 기자의 길도 가로막히게 되자, 그가 다음으로 선택한 건 수출 역군으로 국가에 기여하는 길이었다. 당시 우리나라는 '수출만이 살 길이다'라는 모토로 강력한 수출 드라이브 정책을 펼치고 있었다. 쌍용그룹 산하 종합무역상사에 취직한 그는 들어갈 때부터 해외에 나가 공부를 하겠다는 꿈을 품었다. 국비유학 말고는 달리 개인이 유학을 갈 수 없던 시절, 세계로 나가 주경야독으로 공부를 해서 정치를 위한 디딤돌로 삼겠다는 마음으로 종합무역상사에 입사하게 된다.

국내에서 4년 반 동안 근무한 뒤인 1982년, 드디어 뉴욕 지사로 나갈 기회가 찾아오게 된다. 모두가 가장 선망하는 해외지점으로 나가는 행운을 얻게 된 그는 뉴욕에서 4년, LA에서 5년, 도합 9년을 미국의 주재원으로 근무한다. 당시 한국의 종합무역상사가 어떤 곳이었는지 단적으로 표현해주는 말이 있다. '라면부터 미사일까지' 세계에 내다팔 수 있는 건 다 판다는 말이다. 그는 세계를 누비며 세일즈를 했지만, 세계 유수의 기업으로부터 '문전박대'도 수없이 당했다. 그가 들고 간 제품을 외국의 바이어들이 후진국에서 만들었다는 이유로 거들떠보지도 않는 일이 다반사였다. 그때 그는 '국가 브랜드'가 얼마나 중요한지 뼈저리게 느꼈다고 한다.

그렇게 눈코 뜰 새 없이 일하면서 세계 경제의 흐름을 익히고 배우는 동안, 그에게는 아직 채워지지 않은 갈망이 있었다. 애초에 그가 종합무역상사에 취직한 이유 중 하나는 세계로 나가 공부를 하고 싶다는 거였다. 어느 날 사내 경쟁을 통해 해외 유학비 지원 대상 사원을 선정하겠다는 공고가 떴다. 그 기회를 절대 놓칠 수 없다고 생각한 그는 치열한 준비 끝에 지원 대상으로 선정

되었다. 뉴욕 주재원 시절에는 NYU에서 행정학을 공부하고 로스앤젤레스 주재원 시절에는 페퍼다인 대학에서 MBA를 취득하여, 그가 신입사원 시절 품었던 꿈을 끝내 이루고야 만다.

—

2017년 봄, 국회의장 시절 그가 말레이시아를 방문했을 때 일이다. 그즈음 말레이시아 공항에서 김정남 피살 사건이 발생한 때여서 현지 언론의 관심이 한국에서 온 그에게로 집중되었다. 급기야 말레이시아 상원의장 회담을 마치고 나오는 길에, 의회 상주 기자들이 인터뷰를 위해 불시에 몰려들었다. 의전 담당자는 공식 일정이 아니라며 한사코 만류하였으나, 그가 자청하여 현지 기자들과 영어로 일문일답 인터뷰가 진행되었다.

사장을 마다하고 정치의 길로

9년 가까운 미국 생활을 끝내고 한국으로 돌아와 상사맨으로 성실히 일하고 있던 그에게 1992년 처음으로 정치권에서 러브콜이 들어온다. 그는 아직 준비가 되지 않았다는 이유로 사양하였으나, 실은 돈이 없었다. '십당오락'이란 말이 공공연히 떠돌아다니던 시절이었다. "십억이면 당선되고 오억이면 낙선된다." 그 당시의 화폐가치로 보면 10억은 강남에서 아파트 서너 채를 살 수 있는, 실로 엄청난 돈이었다. 있는 자가 아니면 정치를 꿈도 꿀 수 없었던 시대였다.

1994년 어느날, 그는 통합선거법이 국회에서 통과되었다는 뉴스를 접하게 된다. 드디어 부자가 아닌 사람도 정치에 도전할 수 있는 시대가 열린 것이다. 1995년 재차 들어온 러브콜을 그는 흔쾌히 받아들인다. 드디어 첫 번째 국회의원 선거에 도전하기로 결심한 그는 쌍용

그룹 김석원 회장에게 자신의 거취를 밝히려고 찾아간다. 그의 결심을 다 들은 회장은 그를 붙잡으며 이렇게 말했다. "서두르지 말고 사장까지 하고 나서 가면 더 좋지 않으냐, 서둘러 갈 필요가 있느냐." 회장의 만류는 일리가 있었다. 사장은 이미 예약된 자리였고, 회사에서 누릴 건 다 누린 뒤에 도전한다고 해도 너무 늦은 때가 아니었기 때문이다.

회장님의 만류를 완곡히 뿌리치며 그는 이렇게 대답한다. "국회는 다른 분야에서 역할을 다 하고, 용도가 끝난 사람들이 가서 되는 곳이 아닙니다. 어떤 분야에서 전문성을 확보한 다음에 거기에서 꼭 필요한 사람이 일을 그만두고 가는 곳이지요. 국회에서 뜻을 펼치고 꿈을 이루려는 사람들이 가야 하는 곳입니다. 내가 회사에서 할 일 다 하고 더 이상 이룰 게 없을 때 국회에 가면 제대로 일을 할 수 있겠습니까? 여기서 있는 기회를 내가 버리고 도전하는 게 온당한 자세라고 생각합니다. 기회를 버리고 도전을 택하는 것, 그게 정치를 하려고 하는 지망생의 바른 자세라고 생각합니다." 그의 소신을 다 들은 회장도 더는 잡아둘 수 없다는 걸 깨닫고, 그의 앞날을 응원해 주었다. 여기서 할 일이 없어졌으니 저기로 일자리 구하러 간다는 식의 마음가짐으로 그는 정치를 시작하고 싶지 않았다. 그는 첫 단추부터 달랐던 것이다.

———

사장까지 하고 그쪽 분야에서 용도가 다 된 어떤 이도 비슷한 시기에 정치에 뛰어든다. 그 당시엔 같은 대학, 같은 기업인 출신이라는 이유로 간혹 두 사람을 비교하는 기사가 실리기도 했다고 한다. 두 사람은 다른 길을 갔고, 지금은 다른 곳에 있다. 맨 처음 생각이 올바를 때 결과도 올바르다는 것, 그 다름을 보면서 깨닫게 된다.

거인 DJ와 마주하다

김대중 대통령과의 첫 번째 인연은 그가 뉴욕에서 근무
할 때로 거슬러 올라간다. 정치활동이 금지되어 있던 김
대중 대통령은 미국에 머물고 있었다. 김대중 대통령은
당시 미국에서 가장 유명한 토크쇼였던 〈나이트라인〉에
출연했다. 일본식 발음이었지만, 김대중 대통령이 그 쇼
의 앵커인 테드 카플과 흠 잡을 데 없는 영어로 막힘없
이 대화하는 걸 TV에서 보고 그는 깊은 인상을 받았다.
김대중 대통령과의 첫 번째 만남은 컬럼비아 대학에서
이루어진다. 강사로 초빙된 김대중 대통령과 그는 그곳
에서 처음 만나, 자연스럽게 토크쇼에 출연했던 이야기
를 나누었다고 한다.

두 번째 만남은 그가 정치에 입문하기로 결심한 후에
이루어진다. 그가 인사를 드리러 동교동 자택을 방문했
는데, 미국에서 만났을 때와는 사뭇 분위기가 달랐다.

이제 하나의 정당에서 그 분과 함께 정치를 하게 된다는 생각에 그는 무척 흥분되고도 긴장된 마음으로 그 곳에 들어섰다. 감히 똑바로 쳐다볼 수도 없는 거인과 마주한 느낌은 어땠을까? 상당히 엄한 분이라는 느낌도 들었지만, 대화는 아주 편안했다고 한다. 20분의 짧은 면담이었지만, 경제 이야기, 기업 이야기, 쌍용 사람들 이야기를 나누다 보니, 한국 정치의 거인과 마주하고 있다는 긴장감도 사라졌다.

1997년 대선, 그는 초선 국회의원의 열정과 패기로 김대중 대통령 만들기에 발 벗고 나섰다. 민주연합청년동지회, 속칭 연청에서 전국 조직을 총괄하는 연청중앙회장을 맡게 된다. 김대중 총재를 대통령으로 만들고자 하는, 당 외곽의 청년 조직을 이끌게 된 것. 1997년 대통령 선거운동 당시엔 그가 등장하면 당시 부총재였던 노무현 대통령보다 두 배 이상 청중을 불러들였다고 한다. '연청중앙회장님'이란 직함 덕분에 전국 어딜 가나 그 지역의 연청 소속 청년들이 너도나도 모여들었기 때문이다. 그렇게 전국 곳곳을 누비고 다닌 그의 노력은 헛되지 않았다. 풍운의 거인, 김대중이 드디어 대통령에 오르고 국민의 정부가 그 닻을 올리게 된다.

—

김대중 대통령 서거 당시, 그는 민주당의 당 대표였다. 당시 민주당 정책위의장이었던 박지원은 병상의 김대중 대통령을 문안하고 나와서 이런 유언을 전한다. "민주당은 정 대표를 중심으로 단결하고, 야4당과 단합하라. 모든 민주시민사회와 연합해서 반드시 민주주의와 서민경제, 남북문제의 위기 극복을 위해서 승리하라고 말씀하셨다." 노무현 대통령을 떠나보낸 지 석달만에 다시 상주의 자리에 선 그는 그 유언을 전해 들으며 깊은 슬픔 속에서 어떤 다짐을 했을까.

무진장, 결코 쉽지 않았던 '도전'

1996년 15대 총선. 그는 그의 고향인 무진장(무주·진안·장수를 일컫는 말)에서 생애 첫 번째 국회의원 선거에 나서게 된다. 요즘 생각으로 돌아보면, 호남에서 민주당(당시는 김대중 총재가 이끄는 새정치국민회의) 간판 달고 나가는 격이니, 당선은 따 놓은 당상이었을 것 같지만, 당시만 해도 무진장은 민주당의 텃밭이 아니었다. 무진장은 충남, 충북, 경북과 접경을 이룬 곳으로, 일반적인 호남 정서와는 거리가 먼 지역이었다. 더군다나 상대가 만만치 않았다. 바로 직전 14대 국회의원이 국무총리까지 역임한 거물 정치인, 신한국당 황인성이었기 때문이다.

그는 내심 황인성의 등판을 바라는 마음도 있었다. 야당의 젊은 정치 신인이 여당의 거물 정치인과 붙어 이긴다면, 정치인의 첫 걸음으로서 그보다 좋을 순 없다고 생각했다. 그러나 아쉽게도 기대했던 거물과의 맞대결은 성사되지 않았다. 신인급 현역 국회의원과 맞붙게 되었고, 그는 생애 첫 번째 선거에서 승리의 기쁨을 누리게 된다. 당시 개표 상황을 돌아보면, 상대가 25% 가까운 지지율을 기록한 것으로 나온다. 지지율만으로도 무진장이 호남치고는 그리 만만한 지역이 아니었음을 엿볼 수 있다.

그 당시엔 SNS도, 유튜브도 없었다. 오직, 발로 승부하는 선거였다. 신문이나 방송에서 지방의 정치 신인을 기사로 띄워줄 리도 없고, 어디든 달려가 얼굴을 알리고, 악수를 청해야 했다. 결혼식 주례도 마다하지 않았고, 모든 상가의 조문객이 되었고, 시장통은 물론이고 심지어 계 모임까지도 찾아다니며 그는 부지런히 뛰어다녔다. 대학이나 직장에서 그는 느긋하고 여유로운 스타일이었다. 그런 스타일로는 정치권에서 살아남을 수 없다는 생각에 그는 첫 번째 선거부터 부지런히 뛰는 인간형으로 거듭나게 된 것이다. 얼마나 부지런히 뛰었는지, 그가 몸담은 지역구에선 꼭 이런 풍문이 떠돌곤 했다. "사람 셋이 모여 있으면 정세균이 나타난다."

2021년 1월, 그의 결혼식 주례가 화제가 되었다. 자신과 아무 연고도 없는 젊은 부부의 결혼식에 홀연 나타난 '깜짝 주례'였기 때문이다. 그 배경은 이러했다. 2020년 가을 코리아세일 페스타 행사에서 예비 신혼부부가 다가와 주례를 부탁했는데, 선뜻 그 자리에서 주례를 약속했다고. 그의 주례 데뷔는 96년 총선 당시 무진장 어딘가 시골 읍내 결혼식장이었을 거다. 이쯤 되면 그는 '깜짝 주례' 분야에선 만렙이 아닐까?

'안 받아먹은' 유일한 의원

초선 의원으로 여의도에 입성한 그는 샐러리맨 출신 의원으로 주목 받으면서 재경위에서 6년 동안 활동한다. 당시, 언론사의 기획으로 96년 국정감사 후에 의원들이 다른 의원을 평가하는 '상호평가'가 이루어졌다. 그 결과, 전체 평가에서 그는 1등을 했다. 정치 신인이자 초선 의원으로서는 보기 드문 성과를 거두며 정계에서 그렇게 존재감을 드러내게 된다.

1997년, IMF 외환위기. 선진국을 꿈꾸던 대한민국은 나락으로 떨어지게 된다. IMF의 신호탄이라 할 수 있는 한보 청문회가 열렸고, 그때 증인으로 나온 한보의 정태수 회장 입에서 뜻밖의 이름이 나온다. 청문회에서, 정회장은 자신이 돈 뿌린 사람들을 일일이 거명하지 않았다. 그저 많은 사람에게 불법정치자금을 줬다는 사실만 순순히 시인한 상태였다. 그때, 정회장이 뭔가 생각났다는 듯 한마디 덧붙인다. "정치자금을 거부한 사람이 딱 하나 있다." 그게 누구인지 묻는 질문에 정회장의 대답은 짧고도 명료했다. "새정치국민회의의 정세균 의원이다."

무슨 일이 있었던 걸까? 96년 한보의 임원이었던 대학 선배가 그에게 만나자고 연락이 왔다. 호텔에서 만나 한보의 어려운 사정 이야기를 듣고 일어서 나오려는 순간, 그 선배가 그에게 '종합선물세트'를 건넸다. (사과상자에는 사과가 없고 종합선물세트에는 과자가 없다.) 그는 사양하고 선배는 강권하고, 그렇게 몇 번의 실랑이가 이어지자 그의 목소리는 차갑고도 단호해졌다. "만약에 이걸 내가 받으면 도와줄 수가 없다. 나는 국회의원으로서 나라 경제를 생각하는 관점에서 도와줄 테니 이런 선물은 강요하지 마십시오."

다음날 언론에는 돈을 거절한 유일한 의원이 그라는 사실이 대대적으로 보도된다. 언론의 인터뷰 요청이 쇄도했지만, 그는 모두 거절한다. 같이 정치하는 사람들이 곤경에 처했는데, 당연한 일 하나 한 걸로 혼자 잘났다고 떠들고 다니는 게 바람직하지 않다는 판단에서였다. 피할 건 피하고 알릴 건 알리는 게 자기 PR의 기본이라고 하는데, 그는 때로 알릴 것도 굳이 피한다. 그가 여느 정치인들과 다른 점이다.

―

그랬다. 그는 광화문에 차려진 세월호 천막을 지날 때 문득 한 번씩 차를 세우게 했다. 그렇게 유가족이나 단식농성 중인 분들과 한동안 이야기를 나누고 조용히 자리를 뜨곤 했다. 수행원이 사진이라도 남길라치면 가벼운 손짓으로 사양하며 물리곤 했다. 안산에 강연을 가시는 길에 단원고 기억교실을 조용히 찾아 제법 오랜 시간을 머문 적도 있었다. 사진은 없다. 괜한 짓 하지 말라고 하여.

나라 잃은 슬픔

1997년 12월 24일, 크리스마스 이브. 아이들의 산타클로스가 되어 집으로 돌아가야 할 시간에 그는 재경위원회 법안심사 소위원회에서 회의를 하고 있었다. IMF가 만들라고 주문한 법을 그들이 요구한 시한까지 만들어야 했기 때문이다. 구제금융을 받기 위해서는 그들의 요구를 들어줄 수 밖에 없었던 것. 아마도, 그 날 밤 국회 밖의 풍경도 우울하긴 마찬가지였을 것이다. 회사가 부도나거나 일자리를 잃은 가장들 또한 아이들에게 산타클로스의 선물 하나 주지 못하는 자신의 신세를 한탄하고 있었을 테니까.

그 회의석상에서 그가 했던 말을 들어보자. "우리나라가 구제금융 대상이 되니까 우리 의원들이 크리스마스 이브에도 이렇게 일을 하고 있네요. 이 일이 우리에게 강요된 게 아니고 우리가 자발적으로 나라 잘 되라고 하는 일이면 얼마나 즐거웠겠습니까. 남이 하라고 해서 하는 일을 해야 하는 우리 운명에 정말 눈물이 납니다. 아마, 미국의 국회의원들은 지금 휴양지 해변에서 휴가를 즐기고 있겠죠. 나라를 잃은 거나 경제적인 주권을 잃은 거나 똑같은 거예요. 진짜 우리부터 정신 차리지 않으면 안될 거 같습니다."

그 후 그는 김대중 대통령의 특별 지시로 노사정 위원회를 꾸리게 된다. 기업은 망했는데, 노조는 저항하고, 직장은 사라지고, 악순환이 계속되는 상황에서 잃어버린 나라를 다시 일으켜 세우는 작업을 시작하게 된 것이다. 그 위원회에 간사로 참여한 그는 노조와 밤새워 토론하고, 경총과 끝없이 의견을 조율하고, 눈코 뜰 새 없이 일에 매진했다. 고3 때 이렇게 공부했으면 단번에 붙었겠다, 고시 준비를 이렇게 했으면 열 번이라도 합격했겠다, 일이 너무나 힘들었는지, 그는 속으로 계속 그렇게 중얼거렸다고 한다. 초년 고생은 사서도 한다는 말이 있다. 젊은 초선 의원 시절에 밤새고 분투할 기회가 주어지지 않았다면, 그때 넘쳐나는 일에 강철 같이 단련되지 않았다면, 그가 정치의 길을 이토록 오래 걸어올 수 있었을까?

——

2019년 7월, 일본이 한국 수출규제를 강화하는 조치를 시행한 데 이어, 8월에는 한국을 일본의 백색국가 명단(화이트리스트)에서 제외시켰다. 이즈음 그는 소위 '소부장'이라 불리는 소재·부품·장비·인력 발전 특별위원회 위원장을 맡았다. 일본의 수출규제에 대응하여 국산화와 산업경쟁력 강화를 위한 특위였다. 보통 6선 국회의원에 국회의장을 역임한 분들은 일선에서 후퇴하여 뒷짐 지는 게 관례였지만, 그는 달랐다. 흔쾌히 위원장을 수락하며 이렇게 말했다. "국익이 우선이다"

거칠고도 험난한 중재의 길

IMF 위기 중에 출범한 김대중 정부에서 노사정위원회에 참여하면서 그는 파업의 현장에 중재자로 나서게 된다. 1998년 울산 현대자동차 공장에서는 대대적인 파업이 일어났다. 당시 노무현 부총재를 필두로 그와 여러 의원들이 그 곳으로 가게 되었는데, 현장에 도착하니, 예상보다 훨씬 심각한 일촉즉발의 상황이었다. 도장 라인에 페인트가 꽉 찬 큰 솥이 있는데 거기 불을 붙이면 반경 1.5km는 완전히 쑥대밭으로 변하게 되어 있었다. 분노로 들끓는 노조를 조금이라도 자극하면 당장이라도 불을 붙여 전쟁 같은 대폭발이 일어날지도 모르는 상황. 합의를 이루지 않으면 안 된다는 엄청난 압박과 긴장 속에 7박 8일의 중재가 시작되었다.

그 당시 그곳에 간 의원 중에 경영계 출신은 오직 그뿐이었다. 그는 사측 입장도 들어주고, 노조와의 대화에도 참여하면서 몸이 둘이라도 모자랄 지경으로 양쪽을 오가며 중재에 힘썼다. 드디어 합의가 이루어졌고, 경영상의 필요가 있을 때는 정리해고를 할 수 있다는 내용으로 입법을 하기로 했다. 노동자의 여러 가지 요구를 들어주면서 겨우겨우 얻어낸, 소중한 결실이었다. 합의를 이뤘다는 안도감에 서울로 돌아왔으나 국회에는 냉랭한 바람이 불었다. 회사도, 노조도 누구도 만족하지 않는 중재안이었기에 "그걸 중재라고 했냐?"는 비난만이 쏟아졌던 것이다. 빛은 나지 않고 돌아오는 건 욕 밖에 없어도, 누군가 하지 않으면 안되는 일, 중재란 어쩌면 그런 것이다.

그에게 주어진 다음 과제는 '전교조'였다. 노사정 타협 과정에서 민노총이 노사정위원회에 참여한다는 조건으로 그는 전교조 합법화를 약속했다. 그 약속을 지키기 위하여 그는 의원들을 설득하여 전교조를 합법화하는 법을 통과시킨다. 그러나 야당의 반대가 만만치 않아 본회의 통과를 낙관할 수 없는 상황. 본회의 날, 그는 문을 막아선 야당 의원들과 거친 몸싸움을 치른 끝에 결국, 그 법을 통과시킨다. 중재를 위해서는 약속이 불가피하다. 그 약속을 저버리지 않고 반드시 지켜내는 것, 중재의 달인에게는 꼭 필요한 덕목이다.

병의원과 약국의 기능이 분화되지 않아 소위 '마이신'으로 상징되는 항생제 오남용 우려가 심각하던 시절, 의약분업(안)이 만들어졌으나, 의사, 약사 모두 반대했다. 당과 정부에서도 선거에 불리하다는 이유로 주저하고만 있었다. 제3정책조정위원장이었던 그는 관계자들을 만나고 또 만나고, 설득하고 또 설득하여 결국 의약분업을 관철시킨다. 왜? 국민건강을 위해 누군가는 꼭 해야 할 일이었으니까.

복지국가를 향한 첫 걸음

어렵고 힘든 사람들에게 생존에 필요한 최소한의 지원을 해주는 일, 우리는 지금은 그것을 당연하게 받아들인다. 그러나 그런 일이 어떻게 시작되었는지, 그 기원으로 거슬러 가보면 그 과정은 결코 순탄치 않다. 사회가 한 번도 시도해보지 않은 '개혁'에 도전하는 것은 그만큼 어려운 일이다. 그가 주도하여 입법에 성공한 '국민기초생활 보장법'은 '대한민국 복지의 효시'라 불린다. 물론, 그 법이 실현되는 과정은 모든 개혁이 그렇듯 장애물이 즐비하게 늘어선 험로였다.

1999년, 김대중 대통령은 그에게 하나의 미션을 부여했다. "복지에 관한 기본법을 만드시오." 그는 학자들과 공무원들을 섭외하여 정책기획단부터 꾸리고 정책기획단은 장장 스무 번의 회의를 거쳐, '국민기초생활 보장법'의 기본 안을 만들게 된다. 하루라도 빨리 통과되어야 하는 법이었지만, 실은 그 앞에 거대한 암초가 버티고 있었다. 2000년 4월 총선이 불과 몇 달 앞으로 다가와 있었기 때문에, 야당은 '선거용 선심입법'이라며 강력하게 반대했다. 2000년부터 당장 실행할 계획으로 추진된 법이었으나, 야당과의 협상은 계속 난항을 거듭했다. 그는 야당 의원들을 허니허니 설득해간다. 때로는 이 법은 보수와 진보의 문제가 아니지 않느냐, 굶어 죽는 사람을 구제하는데 정치적 입장이 따로 있을 순 없지 않느냐는 합당한 논리로, 때로는 반대했다가 나중에 혼자 오명을 뒤집어쓸지 모른다는 협박 아닌 협박으로. 결국, 총선 후 6개월 뒤로 시행 시기를 늦추는 타협을 거쳐, 대한민국 최초의 복지기본법이 세상에 빛을 보게 된다.

2005년 저출산·고령사회기본법이 만들어질 당시에, 그는 여당이었던 열린우리당 원내대표로 있었다. 복지국가를 향한 여정 곳곳에는 그의 열정과 노력이 배어 있다. 1999년 김대중 대통령에게 최초의 미션을 부여받은 그날로부터 험로를 거쳐 입법을 하나씩 이루어내는 그날들을 거치면서 '복지국가'는 어느새 그에게 꼭 이루어내야 할 '필생의 목표'가 되었다.

—

2008년에 나온 그의 '공동체복지론'은 너무 앞서가는 바람에 세상에 잘 알려지지 않았다. 과거처럼 복지를 가족이나 기업에만 의존해선 안되고, 이제 국가가 복지의 주체가 되어야 한다는 주장을 담고 있다. 복지는 선심쓰듯 도와주는 시혜가 아니라 공동체의 일원으로 가지는 시민권으로 봐야 한다는 것. 더불어 노동의 기회 확대, 공평한 교육·재교육 기회를 강조했다. 한국형 복지모델을 향한 그의 집념은 아직도, 현재진행형이다.

물량공세와 싸워 이긴 재선

2000년 밀레니엄의 새로운 해가 떠오르고, 4월 16대 총선이 코 앞으로 다가왔다. 그가 재선에 성공하기 위하여 맞붙어야 할 상대는 자민련 후보였다. 첫 번째 선거가 '거대정당'과의 경쟁이었다면, 두번째 선거는 '물량공세'와의 싸움이었다. 요즘의 선거법으로는 어림없는 일이지만, 그 당시엔 아직, 돈의 힘이 선거에 미치는 영향력이 지대했다. 아낌없이 돈을 뿌릴 수 있는 상대와의 싸움은 그만큼 쉽지 않은 것이었다.

시작은 무난했다. 2000년 1월 당에서 여론조사를 했을 때는, 상대 후보가 5.7%, 그가 60%가 나왔으니까, 당연히 이기는 선거라고 생각했다. 그런데, 시간이 지날수록 '추격 당한다', '위기다'라는 말이 돌았고, 급기야 막판에는 '진다'는 소문까지 파다했다.

그의 편에서 선거운동을 하던 사람이 이튿날 저쪽 선거 사무실로 옮기는 황당한 일도 일어났고, 상대 후보가 유세하고 나면 청중들이 썰물 빠지듯 빠져 나가기도 했다. 일당을 받고 동원된 청중이었다. 그럼에도 불구하고 선거 결과는 65% : 29%. 결국 그의 승리였지만, 상대 후보기 30프로 가까이 획득한 것 자체가 놀라운 일이었다. 돈의 위력을 뼈저리게 실감한 선거였다.

　　선거 당시 저지른 상대의 부정행위는 결국, 뒤탈을 일으키고 말았다. 선거 유세 현장에서 상대 후보 운동원이 유권자들에게 동원비를 지급하는 것이 암행 감찰들에게 적발된 것. 선거가 끝나고 난 뒤, 수십 명의 주민들이 잡혀가게 된다. 아무리 돈을 뿌렸어도 결과적으로 표 차이가 많이 난 선거였고, 잡혀간 사람들 또한 지역구의 주민들이었다. 그는 선처를 호소하는 탄원을 올렸고, 주민들은 풀려나게 된다. '표'에서도 이기고, '진심'으로도 이긴 선거, 두 번째 선거에서 그는 두 번 승리한 것이다.

—

그가 부정선거로 패배를 맛본 경험도 있다. 2002년 그는 전북도지사 후보 경선에 도전했다. 예상과는 달리 30여표의 근소한 차이로 패배하고 만다. 경선결과 발표 당일 부정선거 의혹이 있으니 불복해야 한다는 여론이 들끓었지만 "내가 문제 삼으면 당에 도움이 되지 않는다"며 그는 쿨하게 승복했다. 그가 입버릇처럼 말하는 '선당후사'였다. 나중에 재판을 통해 경선 과정에서 상대후보가 '투표함 바꿔치기'라는 해괴망측한 부정행위를 저질렀음이 만천하에 드러났다.

아는 사람이 더 무섭다

2001년 12월, 그는 '최근 대기업정책의 쟁점과 정책방향' 이라는 일곱 번째 정책자료집을 내놓는다. 지금이야 정 기국회나 국정감사 시즌에 국회의원들이 '정책자료집'으로 자신의 의정활동을 정리하고 홍보하는 게 일상이 되었지만, 그 당시에는 이전에 볼 수 없었던, 신선한 일이 었다. 아마도 그가 국회의원 정책자료집의 '원조'라고 해도 별다른 이견이 없을 것이다.

그가 정책자료집에서 다룬 단골 메뉴는 '재벌개혁'이었다. 재벌지배구조의 선진화, 재무구조 건실화, 경영투명성 제고, 선단식 경영 종식, 세습적 기업구조 개혁, 부실경영인 책임추궁 등을 제기하며 재벌개혁의 올바른 방향에 대해 끊임없이 질문을 던졌다. 증권분야 집단소송제 도입의 경우 그의 '정책자료집'에서 잉태되었다는 게 정설이다.

그가 줄기차게 재벌개혁을 강조한 이유는 그가 재벌기업 출신이었기 때문이다. 재벌이 어떻게 움직이고, 돈이 어떻게 왔다 갔다 하는지, 그는 재벌의 빛과 그림자를 꿰뚫고 있었다. 어떤 조직을 개혁하고자 할 때, 그 조직의 생리를 제대로 모른다면, 그 개혁의 성공 확률은 매우 낮다. 그는 재벌을 제대로 아는 사람이었기에 개혁의 방향을 정확히 제시할 수 있었던 것이다.

재벌개혁에 대한 그의 입장은 그때나 지금이나 단순하지만 분명하다. 기업 경쟁력에 걸림돌이 되는 규제는 과감히 완화하자. 그러나 재벌 총수의 소유·경영 독점으로 파생되는 과다차입, 과잉투자, 문어발 경영은 국민경제의 위기로 이어지지 않도록 단호하게 차단하자는 것. 재벌 입장에서는 그가 저승사자처럼 보였을 것이고, "아는 사람이 더 무섭다"는 말을 실감하면서 분노했을지도 모른다. 사실 그의 개혁은 재벌의 잘못을 벌하기 위함이 아니라, 선진국처럼 우리도 좋은 기업, 건강한 기업이 많이 생겨나기를 바라는 마음에서 비롯된 것이다. 좋은 기업들이 좋은 나라의 기본이라는 사실을 그는 누구보다 잘 알고 있었기 때문이다,

———

아무튼 정책자료집 '원조'인 그의 정책자료집 사랑은 십수 년이 지나도 여전히 변함이 없다. 2017년 5월, 대통령 취임 선서식을 위해 국회를 방문한 문재인 대통령에게 '새정부 출범에 즈음한 입법 및 정책과제'라는 자료집을 전달한다. 당선과 함께 취임하게 된 문대통령이 인수위도 없이 국정운영에 나서야 하는 만큼 현안파악에 어려움이 없도록 배려한 것이다.

노무현과 함께 끝까지 달리다

노무현 대통령과의 첫 번째 인연은 정치에 처음 입문할 때로 거슬러 올라간다. 당시 민주당 부총재였던 노무현 대통령은 지역위원장 경합 과정에서 그를 지지해주었다. 노무현 대통령에게 일종의 정치적 빚을 진 셈이다. 그 빚을 갚을 시기는 의외로 빨리 찾아온다.

2002년 대선 당시 예상을 뒤엎고 노무현이 대통령 후보에 오른다. 같은 해 전북 도지사 경선에 나섰다가 간발의 차로 지고난 뒤, 그는 노무현 대통령 대선기획단 정책실장을 맡게 된다. 선거 과정은 순탄치 않았다. 처음에는 60퍼센트까지 치솟았던 지지율이 15퍼센트 내외로 떨어지게 된다. 지지율에 반등의 기미가 보이지 않자, 당내 의원 모임에서는 다른 후보로 바꾸자는 움직임이 있었다. 가까운 의원들이 회유하였으나 그는 단호히 거절한다. "지더라도 국민 경선으로 뽑은 후보를 바꾸는 건 민주주의 원리에 어긋난 짓이다. 그건 절대 안 된다. 이 모임에 나는 이제 참석하지 않겠다." 그는 편법으로 얻은 승리보다 원칙을 지킨 패배가 옳다고 믿는 사람이다.

지지율이 떨어지자, 의원들은 하나둘 캠프에 나타나지 않았고, 당에서도 자금 지원이 제대로 이루어지지 않았다. 그런 상황에서도 그는 캠프를 떠나지 않았다. 학자들을 섭외해서 공약도 만들고, 미디어 출연이나 공약 토론도 준비하고, 정책 중심의 모든 일은 오로지 그의 몫이었다. 그러던 중 '정몽준과의 단일화'가 성사되고 드디어 희망이 보이기 시작했다. 될 수 있겠다는 희망을 안고 그는 정책기획위원장을 맡아 쉬지 않고 전국을 누볐다.

선거 바로 전날, 그가 자신의 지역구인 진안에서 한 표라도 더 얻기 위하여 막판 스퍼트를 하고 있을 때, 마른 하늘에 날벼락 같은 뉴스가 들려왔다. 정몽준의 지지 철회. 몇 달간의 땀과 노력이 물거품으로 돌아가버렸다는 생각에 그는 아득하기만 했다고 한다. 하지만 그때 그가 미처, 깨닫지 못한 게 있다. 깨어있는 시민들의 힘이 무엇보다 위대하다는 것, 그리고 그 힘이 하룻밤 만에 기적을 일으키게 되리라는 것.

━━

노무현 대통령과 뉴질랜드 순방에 동행했을 때 일이다. 순방 일정 중 저녁 식사 시간, 노무현 대통령이 자신의 임기를 1년 줄여 대통령 선거와 국회의원 선거를 맞추자는 아이디어를 그에게 제시한다. 그는 단호하게 반대했다. 대통령이 마음대로 임기를 줄이는 건, 그 임기를 부여한 국민과 헌법에 반한다는 논리였다. 이렇듯 의견도, 기질도 달랐지만, 그는 노무현 대통령과 늘 함께 했다. 이루고자 하는 세상이 같았기 때문이다.

추리닝 바람으로 국회의장석을 지키다

"대통령 노무현에 대한 탄핵 소추안이 발의되었습니다."
2004년 3월 9일 오후 6시, 헌정 사상 최초로 현직 대통
령에 대한 탄핵이 공식 발의되었다. 열린우리당은 탄핵
안 표결 시한인 3월 12일 오후 6시까지 '전쟁태세'로 전
환하고 철야농성에 들어간다.

탄핵안 처리를 막기 위한 농성에서 의장석을 지키는
임무가 그에게 주어졌다. 점거농성 3일째인 3월 12일 새
벽 3시 50분, 야당 의원들이 들이닥쳐 의장석을 차지하
려고 했다. 뜬눈으로 지새다 잠시 눈 붙이고 있던 그는
추리닝 바람으로 의장석을 붙잡고 완강히 버텼다. 그 힘
의 완강함에 질린 야당 의원들은 일단 퇴각을 결정했다.

맨바닥에서 며칠째 지낸 데다 새벽부터 실랑이를 벌여
온몸이 쑤셨고 정신은 날카롭게 날이 섰다. 박관용 국회

의장이 경호권을 발동했다. 오전 11시쯤 되자 야당 의원들이 국회 방호원들을 앞세워 한꺼번에 들이닥쳤다. 의장석을 지키고자 끝까지 버텼지만, 한나라당 김성조 의원의 억센 손에 그의 팔은 맥없이 풀리고 말았다. 나중에 안 사실이지만, 한국체대 총장까지 지낸 김의원은 유도 유단자였다.

11시 55분, 재적 271명 중 193명 찬성으로 탄핵안이 가결되었다. 유시민은 울었고, 이부영은 격분했고, 김부겸은 절규했다. 한나라당 의원은 '대한민국 만세'를 외쳤고, 당시 박근혜 의원은 웃는 얼굴로 본회의장을 떠났다. 사상 초유의 대통령 탄핵. 그들은 그렇게 금도를 넘어버린 것이다.

국회는 그렇게 무력하게 무너졌지만, 국회 밖은 상황

이 달랐다. 국민들은 자신들의 손으로 뽑은 대통령이 탄핵되는 것을 결코 용납하지 않았다. 촛불이 하나둘 거리를 밝히기 시작했다. 곧 이어진 17대 총선에서 열린우리당은 과반의석을 달성하며 압승했고, 5월 14일 탄핵소추안에 대해 헌법재판소는 이렇게 주문했다. "이 사건의 심판청구를 기각한다."

이 날 웃으며 본회의장을 떠났던 박근혜 의원은 훗날 대통령이 되었지만, 결국 탄핵되고 구속되었다. 노무현 탄핵을 위한 헌재 심리과정에서 검사 역할을 한 김기춘은 박근혜 대통령 탄핵과 연루되어 구속되었다. 노무현을 변호했던 문재인은 대통령이 되었고, 추리닝 바람으로 국회의장석을 사수하던 그는, 2016년 12월 9일, 국회의장석에서 박근혜 대통령 탄핵소추안 가결을 최종 선포한다. "땅! 땅! 땅!"

더딘 걸음이라도 개혁이 옳다

2004년 17대 총선에서 노무현 대통령 탄핵의 역풍이 거세게 불었다. 그 역풍에 힘입어 열린우리당은 152석을 차지하며 과반수 의석을 확보하게 된다. 그러나 대통령의 지지율이 급격히 하락하고 선거 재판의 결과로 열린우리당이 많은 의석을 잃게 되면서 개혁의 동력도 점점 약해지고 있었다. 그런 상황에서 그는 열린우리당 원내대표를 맡게 된다. 4대 개혁 입법 중에서 신문법 (신문 등의 기능보장 및 독자 권익보호법안)을 제외하고 과거사법, 사립학교법, 국가보안법 이렇게 '3대 난제'가 그의 앞에 버티고 서 있었다. 그는 그 난제들을 어떻게 해결했을까?

그는 당시 한나라당과의 협상을 거쳐 과거사법을 통과시킨다. 그러나 당내에서 강한 반발에 부딪히게 된다. 과거사를 화끈하게 단죄하지 못하는 누더기법이라는 이유에서다. 그러나 그 법을 2005년에 통과시키지 못하면,

그 법은 그냥 폐기처분될 운명에 놓여 있었다. 선명한 100만 주장하다가 50도 이루지 못하고 0으로 다시 돌아갈지도 모를 상황. 그는 더딘 걸음이라도 개혁을 향하여 한 걸음 나아가는 것이 옳다고 믿었다. 그는 그런 소신으로 과거사법을 밀어붙였다. 이 법으로 인하여 1961년 시 실상 5.16 쿠데다 세력에 의하여 억울하게 처형된 민족일보 조용수 사장은 2008년, 무죄를 선고 받는다. 그때, 그의 소신이 없었다면 조용수 사장은 여전히 북한을 고무, 동조한 빨갱이로 기록되어 있을 것이다.

사립학교법은 007 작전을 방불케 하는 치밀한 전략 하에 본회의에서 통과시킨다. 국회선진화법이 아직 세상에 존재하지 않던 시절, 본회의장의 유리창이 다 깨지고, 국회가 마치 전쟁터처럼 변해 버렸다. 대화와 타협이 불가능한 상황이라면, 그도 때로, 전쟁을 불사하고 개혁을

감행한다. 개혁은 그에게 어떤 수단을 동원해서라도 이루어내야 할, 숭고한 '미션'이기 때문이다. 국민이 부여한 개혁의 미션을 수행하는 능력으로 진보는 자신의 존재를 증명하는 것이다. 그는 말만 요란한 개혁가가 아닌, 개혁의 실천가다.

━

2017년 12월, 국회의장이었던 그가 '세무사법'을 본회의에 상정했다. 이 사건이 주목받은 이유는 국회선진화법을 적용해 법사위를 건너뛰고 본회의에 상정·처리한 첫 사례였기 때문이다. 세무사법 개정안은 변호사에게 자동으로 세무사 자격을 부여하던 규정을 삭제한 것이다. 당연히 변호사 출신 의원들이 많이 포진한 법사위를 통과하지 못하고 장기간 묶여있을 수밖에 없었다. 이에 국회의장의 권한인 '안건 결정권'의 칼을 뽑아든 것이다. 개혁 앞에선 '미스터 스마일'은 없다.

협상의 달인, 비법을 전수하다

노무현 정권 후반기에 그는 산자부 장관에 임명된다. 기업 출신의 그로선 언젠가 꼭 한번 해보고 싶은 일이었기에 그는 기꺼이 장관직을 수락한다. 그가 산자부 장관으로 재임하는 동안, 우리나라는 수출 3,000억 달러를 달성하게 되고, '한미 FTA'를 체결하기 위한 막판 협상에 박차를 가하게 된다. 대한민국 경제가 한걸음 도약하려는 중차대한 시점, 그는 '산자부 장관'이라는 중책을 맡아 대한민국 경제의 미래를 고심하게 된다.

그 당시 그에게 주어진 가장 막중한 일은 '한미 FTA'였다. 한미 FTA 협상엔 총 열 여섯 팀이 움직였는데, 그중 절반이 산자부 담당이었다. 협상의 잘잘못에 따라서 대한민국 백년의 미래가 결정된다고 해도 과언이 아니었다. '손해 보지 않게 잘해라', '죽을힘을 다 해라', 협상에 임하는 담당자들에게 가장 필요한 건 이런 뻔한 말이 아니었다. 그는 10년 전까지만 해도 미국의 유수한 기업들과 수많은 협상을 경험한 전문가였다. 협상 당시, 산자부 장관으로서 그가 담당자들에게 알려준 비법은 막연한 이론이 아닌 철저한 실전용이었고, 그래서 남달랐다.

협상 담당자들이 모인 자리에서 그가 던진 첫마디는 이거였다. "이제, 당신들은 영어를 못하는 겁니다." 이 말을 들은 협상팀은 자신의 귀를 의심할 수밖에 없었다. 영어를 잘해서 선발된 사람들일 터인데, 영어를 못하는 척 하라니⋯⋯. "네이티브 앞에서 어설픈 영어 한답시고 머리 쓰느라 애쓰지 말고, 그냥 통역을 옆에 두고 협상에 임하세요. 그들의 말을 잘 알아들은 뒤에, 통역이 그걸 번역해주는 동안 다시 한번 생각하는 시간적 여유를 버는 겁니다. 그렇게 충분히 시간을 가진 뒤에 답변을 하세요."

그의 비법이 협상 테이블에서 제대로 먹힌 듯하다. 혼신의 노력을 다한 협상결과에 대해 그는 플러스, 마이너스 요인을 면밀히 계산한 시뮬레이션을 주문했다. 돌아온 대답은 "실행해봐야 알겠지만, 잘하면 몇십억 달러 이득을 본 것 같다." 결과는 대성공이었다.

——

그가 주도한 한미FTA 협상 성적표는 미국이 인정할 정도로 '대한민국의 판정승'이었다. 2007년 4월, 한미 FTA 협상 타결 직후 웬디 커틀러 미국측 수석대표가 추가협의를 요구했고, 이후 오바마 대통령도, 트럼프 대통령도 한미 FTA 재협상을 요구하게 된다. 그만큼 처음에 우리가 잘했다는 이야기다.

접시에 먼지가 끼지 말아야 한다

그는 산자부 장관을 그만둔 후에 장관의 경험을 담은 한권의 책을 출간했다. 『나의 접시에는 먼지가 끼지 않는다.』무슨 의미일까? 그의 산자부 장관 취임사를 읽어 보면 그 의미를 쉽게 짐작할 수 있다. 그는 취임사에서 "나는 힘센 장관이 아니라 힘 있게 일하는 장관이 되겠다."고 포부를 밝히고 "일하다가 접시를 깬 사람은 용서하겠지만, 접시에 먼지 낀 사람은 용서하지 않겠다."는 말을 덧붙였다. 우리가 흔히 '복지부동'이라는 일컫는 행위를 그는 '먼지 낀 접시'로 표현한 것이다.

이 취임사는 결코 직원들만을 향한 경고만은 아니었다. 스스로를 향한 다짐이기도 했다. 그는 취임식을 마치자마자 반월·시화 공단에 들러 수출기업의 애로사항을 점검하는 것으로 공식 일정을 시작했다. 10분 단위로 일정을 소화하면서 산업현장의 다양한 목소리를 듣고 밤마다 팩스 보고서를 읽느라 자정이 넘어서야 잠자리에 들었다. 자신 스스로 접시에 먼지가 낄 틈 없이 열심히 뛰었던 것이다.

결국, 그의 이런 노력은 소중한 결실로 이어졌다. 그의 재임시 고유가, 환율, 원자재 가격 급등의 3중고를 극복하고 한국 경제는 '수출 3,000억 달러', '외국인 투자 110억 달러'라는 성과를 거두었고, 미래의 먹거리라 할 차차세대 성장동력을 선정하였으며, 대통령과 함께 네 차례나 해외 순방을 하면서 과거 십수년에 버금가는 자원외교의 성과를 거두었다.

국가를 위해 일하는 사람들의 접시에 먼지가 끼지 않으면, 국가는 발전하고 번영하게 된다. 접시를 깨뜨리면 어쩌지, 걱정하는 공무원들의 마음을 꿰뚫고 실패를 두

려워하지 않도록 용기를 북돋아주는 사람, 또 스스로도 접시에 먼지 낄 틈 없이 열심히 일하는 사람, 그는 앞으로도 티끌 한 점 없이 깨끗한 접시에 영양가 높은 요리를 담아 대한민국 국민에게 정성껏 서빙할 것이다. 지금까지 늘 그래왔듯이.

—

그의 '접시론'은 국회의장 취임사에서도 계속 이어진다. 그는 권위보다 일을 중시하는 사람이라는 사실을 밝히면서, 접시를 닦다 보면 언젠가 깨뜨리는 경우가 생기지만, 국회의 책임자로서 여러분이 일을 잘 해보려다 실수하는 것은 얼마든지 이해하고 용인할 것이고, 필요하다면 의장이 직접 책임을 지겠다고 말했다. 그러나 여러분 앞에 놓인 접시에 먼지가 쌓이는 것은 결코 받아들일 수 없다고 못 박았다.

세상을 바꾸는 전깃불이 되다

그는 불끄기 대장이다. 틈만 나면 끈다. 빈 사무실에 불이 켜져 있으면 불벼락이 떨어진다. 절약정신이라기 보다는 몸에 밴 습관이다. 나는 그가 산자부 장관으로 정식 취임하기 전, 장관실 공무원들에게도 미리 귀띔을 해주었다. "장관님 없을 때 빈방 불은 꼭 끄세요. 난방도 냉방도 적절하게. 그렇지 않으면……."

그가 전라북도 진안의 고향집에서 전기를 처음 구경한 것은, 1976년 군대에서 첫 휴가를 받아 나올 때였다고 한다. 경북 안동에서 출발하여 깜깜한 밤이 되어서야 고향마을에 도착한 그는, 집집마다 환하게 빛나던 '전깃불'의 충격과 환희를 지금도 잊을 수 없다고 했다. 오죽하면 정치인으로서 앞으로의 다짐을 묻는 질문에 '세상을 바꾸는 전깃불이 되고 싶다'고 대답했을까.

2005년 여름, 전기요금 연체로 단전이 되자 촛불을 켜고 생활하던 여중생이 화재로 사망한 사건이 일어났다. 겨우 전등 하나, 전기장판 한 장에 의존해서 사는 사람들에게 단전은 죽으라는 이야기나 다름없었다. 그 사건을 계기로 그가 출범시킨 것이 '한국에너지재단'이다. 에너지 관련 기업이 출연한 기금을 바탕으로 에너지 빈곤계층도 생활에 필요한 최소한의 에너지는 사용할 수 있도록 해주자는 취지였다. 그는 초심을 잃지 않고, 가난한 사람들에게 '세상을 바꾸는 전깃불'이 되어 주었다.

그는 비교적 짧은 산자부 장관 재임기간에도 불구하고 '최초'의 일들을 많이 이루어냈다. 위에 언급했듯 그는 대한민국 역사상 처음으로 에너지에 복지 개념을 도입하였고, 현재 문재인 정부의 정책 기조가 된 '신재생에너지'의 기틀을 최초로 마련하기도 했다. 장관 취임 당시

2% 대에 머물러 있던 신재생에너지 공급비중을 5년 내 5%까지 확대하는 목표를 제시하며, 관련 예산을 대폭 늘려 풍력을 비롯한 태양광, 연료전지 분야에 집중투자 하기로 결정했다.

———

"노무현 대통령 때 뿌린 수소경제의 씨앗, 이제는 꽃을 피울 시기다." 2020년 여름, 대한민국 수소경제를 총지 휘하는 '수소경제위원장'의 자리에서 그가 한 말이다. 기술적 한계로 성과에 목말라했던 15년 전 아쉬움을 뒤로 하고 이제는 기후위기 시대를 맞아 수소경제를 한국의 신성장동력으로 자리매김 하겠다는 것이다. 그 는 이미 오래 전 미래를 꿈꾸었고, 이제 그 꿈을 이룰 때가 온 것이다.

남의 허물을 대하는 자세

산자부 장관으로 취임한 뒤 그가 가장 먼저 한 일은 산자부 직원들 간에 소통의 길을 열어주는 것이었다. 산자부 직원들의 업무공간이 부서 간에는 벽으로, 부서 안에선 칸막이와 서류더미로 나뉘어 있는 것을 보고 이를 모두 허물고 개방할 것을 제안하였다. 그렇게 소통의 길을 열어준 결과, 실제로 정부 부처 중에서 산자부가 내부 소통이 가장 활발한 곳으로 평가받게 되었다.

직원들의 마음을 헤아리고 품어주려는 자세에도 남다른 부분이 있었다. 어느 날 한 간부직원이 생방송으로 라디오 전화인터뷰를 하면서 산하기관 노조 측과의 갈등을 설명하는 도중에 너무도 심한 욕설을 내뱉고 말았다. 방송으로 듣는 시청자들을 깜짝 놀라게 할 만한 욕설이었기 때문에 방송사측에서는 다급하게 전화 통화를 중단하는 해프닝이 벌어졌던 것. 이 간부는 자신이 누굴 향하여 욕설을 한 것이 아니고 노조 측이 자기에게 했던 심한 비방을 단지, 인용한 것이라 해명했지만 워낙 입에 담기도 힘든 내용이라 녹음된 파일이 인터넷으로 돌아다니고 꽤 큰 가십거리가 되었다.

그는 이 시안의 경위를 보고 받고 공직자가 품위를 손상한 부분에 대해선 심각하게 받아들였지만 본인의 해명에 대해서도 최대한 이해하려고 노력했다. 당시 인터뷰 녹음이 워낙 화제가 되었고 사람들 간에 웃음거리가 되었기 때문에 비서관이 한 번 들어보시라고 권했지만 그는 끝까지 이를 듣지 않았다. 부하직원 본인에게는 마음에 큰 짐이 되었을 일을 자신이 듣고 웃는다면 상처에 상처를 덧나게 하는 것이라 생각했기 때문이다. 다른 사람의 허물을 굳이 들추어내어 술자리 안주거리나 웃음거리로 만드는 행위는 그 사람에게 너무나 큰 상처가 될

수 있다는 생각, 남의 허물을 대하는 그의 올곧은 자세
가 고스란히 읽히는 에피소드다.

—

그도 화가 나면 욕 비슷한 말을 할 때도 있다. 그가 하
는 가장 심한 욕은 "야 이사람아"이다. 얼마나 많이 잘
못했는지는 그의 인토네이션(음의 상대적인 높이의 변화)을
잘 들어봐야 한다. 어이가 없을 때는 "야. 이사람아.",
조금 잘못했을 때는 "야 이~사람아……" 조금 많이 잘
못했을 때는 "야 이! 사람아!", 정말로 심하게 잘못했
다면, "야! 이! 사람아!!" 마지막 인토네이션을 듣게 되
는 경우는 흔지 않지만, 이런 말을 들은 날이면 가급적
그의 시선에서 벗어나 있는 게 좋다.

19:0에서 구원투수로 출전하다

너무나도 당연한 이야기지만, 정당은 선거에서 이기기 위해 존재한다. 당원을 모집하고, 정당을 운영하고, 정책을 마련하고, 심혈을 기울여 선거 후보자를 공천하는 이유는 결국 선거에서 이기기 위해서다.

2003년 11월 열린우리당을 창당하고 17대 총선 '탄핵 돌풍' 속에서 원내 제1당으로 부상하며 정치판을 흔들었지만, 얼마 지나지 않아 당내 혼란과 분열로 당세가 하락하기 시작한다. 19대0! 2004년 총선 이후 전국적으로 19군데에서 이루어진 국회의원 재보궐선거에서 열린우리당의 스코어는 '빵'이었다. 사실상 더 이상 정당으로서의 존재 이유를 찾기 어려운 지경에 이른 것이다.

2008년 7월 6일. 19:0의 상황에서 그가 구원투수로 출전한다. 전당대회에서 그를 대표로 하는 지도부를 선출하고 당명을 통합민주당에서 민주당으로 변경했다. 그는 민주당 대표의 이름으로 싸우기 시작했다. 이명박 정권의 부자감세, 4대강 공사, 언론악법을 막기 위해 죽을힘을 다해 싸우고, 치욕의 19연패로부터 탈출하기 위해 발이 부서지도록 뛰었다.

첫 번째 시험대는 2009년 4월, 재보궐선거. 특히 '인천 부평(을)'이 최대 격전지로 부상하였다. 선거운동 기간 내내 그는 당 대표로서 구두를 벗고 흰색 운동화를 신었다. 결과는 민주당 홍영표 당선. 십구 대 빵 뒤에 건진 너무나도 소중한 1승이었다. 19연패의 사슬을 끊은 뒤 그는 국회의원 재보궐선거에서 계속 선전을 이끌고, 마침내 2010년 6월 전국지방선거에 참전한다. 역대 어느 선거보다 박빙의 승부였던 이 선거에서 그는 결국 승리한다. 선거 직후 한나라당 정몽준 대표가 결과에 책임을

지고 물러나게 된다. 이 선거로 민주당은 부활의 신호탄을 쏘아 올린다. 9회 말 투아웃 뒤에 터진 역전홈런과도 같은.

—

그가 실제로 투수로 나선 적이 있다. 2017년 한국시리즈 2차전 시구자로 나선 것. 그는 포수가 일어서서 캐치를 해야 할 정도로 파워풀한 시구를 했다. 어쩌다 잘 던진 게 아닌가 싶겠지만 사실은 숨은 노력의 결과였다. 시구하기 며칠 전부터 아침마다 글러브를 끼고 훈련에 훈련을 거듭했던 것. 19연패의 사슬을 끊은 것도, 2010 지방선거에서 완승을 거둔 것도 결국 그의 보이지 않는 '노력'의 결과가 아니었을까? 아무튼 그가 기아 유니폼을 입고 시구한 그날, 기아는 두산을 상대로 1:0 승리를 거두었다.

밥이 소중한 걸 제대로 알았다

그는 음식을 가리지 않는다. 아무리 바빠도 먹는다. 라면이라도, 김밥이라도, 여의치 않으면 떡이라도 먹는다. 먹는 게 절박했던 유년시절의 기억 때문이다. 그가 아홉 살 되던 해에 심한 흉년이 닥쳤다. 그는 주린 배를 채우기 위해 산나물과 밀기울로 수제비를 떠서 먹었다고 한다. 말이 수제비이지 탄수화물 냄새나는 젖은 나물을 먹는 것이나 다름없었다. 그렇게 어릴 적 기억의 대부분은 반복되는 배고픔과 지긋지긋한 지게질 뿐이라고. 그래서 그는 끼니 거르는 게 가장 싫다고 말하곤 했다.

그런 그가 밥을 끊은 적이 있다. 2009년 7월 19일부터 24일까지 엿새를 진짜 아무것도 먹지 않았다. 한나라당의 언론악법 강행처리 압박이 거세지면서 이에 대항하기 위한, 사실상 마지막 수단이었다. 그는 평소 '단식투쟁'에 대해 부정적이었다. 목숨을 걸겠다는 각오 없이 국민 앞에서 쇼 하듯, 유행처럼 '단식'을 해서는 안 된다는 이유에서였다. 그런 그가 '단식'을 결행했다는 것은 정말 '죽을 각오'로 언론악법의 강행 처리를 막겠다는 뜻을 품었다는 것이다.

2009년 7월 24일. 한나라당의 언론악법 강행처리와 함께 그의 엿새간 단식도 끝났다. 그는 소속의원, 당직자, 전국언론노조가 함께한 정리 집회에서 솟구치는 눈물을 어쩌지 못하고 소리 내어 흐느꼈다. 공개석상에서 그가 보인 첫 번째 눈물이다. 엿새 동안의 배고픔 속에서 그는 어린 시절의 가난과 고통을 다시 떠올렸던 게 아닐까. 그의 어린 시절을 소상히 알고 있기에 그 모습을 지켜보며 난 혼자 그런 생각을 했었다.

단식을 끝내고 몸을 돌볼 틈도 없이 그는 강행처리에

항의해 의원직 사퇴서를 국회의장에게 제출하고, '100일 장외투쟁'에 나선다. 의료진들로부터 '무리하지 말라'는 권고를 들었지만 "힘들다고 쉬고 있을 수 없는 때"라며 그는 거리로 나섰다.

———

그는 이 당시를 회상할 때면 "밥이 소중한 걸 제대로 알았다"고 한다. 다시 강경투쟁을 해야 한다면 차라리 삭발을 하지, 밥을 굶기는 싫다고 말했다. 언론악법 강행처리와 함께 끝난 엿새간의 단식투쟁. 법안 처리가 늦어져, 열흘이나 보름, 아니 그 이상을 단식해야 할 상황이 왔다면 그는 어떤 선택을 했을까. 생각만 해도 아찔하다.

슬픔이 마르기도 전에 다시 상주로

2009년, 그는 상주의 자격으로 두 번의 장례식을 치른다. 자신이 모셨던 두 분의 대통령을 차례로 떠나보낸 것이다. 그에게 노무현 대통령은 기질과 행동은 달랐지만 꿈을 공유했던 정치적 동지였고, 김대중 대통령은 따르고 싶은 롤 모델이자 큰 산처럼 그를 일깨워주는 정치적 스승이었다. 당시 그의 심정은 부모님을 차례로 떠나보내는 상주의 슬픔과도 같았으리라.

노무현 대통령이 떠나는 날, 그는 누군가에게서 전화를 받고 그 사실을 알았다고 한다. 황급히 최고위원회를 열고 부산대학교 병원으로 출발하였다고, 나는 그 이야기 끝에 이런 질문을 던졌다. "그 소식을 들었을 때 어떤 기분이셨습니까?" 그 질문 뒤, 10초간의 침묵이 흘렀다. "어떤 표현이 맞을지······ 청천벽력, 그래, 청천벽력 같았지." 그 날을 다시 떠올리는 건, 많은 국민들과 마찬

가지로 그에게도 묻어둔 슬픔을 다시 꺼내드는 것일지 모른다. 10초간의 무거운 침묵은 나로 하여금 새삼 그 슬픔의 무게를 느끼게 해주었다.

그는 '민주연합청년동지회(연청)' 중앙회장으로 김대중 대통령의 당선을 위하여 누구보다 열심히 뛰었다. IMF 외환위기 극복을 위하여 밤낮없이 일을 하고, 김대중 대통령이 꿈꾸는 복지국가를 실현하기 위하여 대한민국 최초의 복지법을 만들었다. 그에게 어떤 정치가 좋은 정치인지 깨우쳐준 아버지와 같은 존재가 바로 김대중 대통령이었다. 그는 노무현 캠프를 떠나지 않고 끝까지 그의 승리를 위하여 뛰었다. 그의 탄핵을 저지하기 위하여 온몸으로 저항했고, 산자부 장관으로서 한미 FTA를 체결하는데 크게 기여했다. 노무현 대통령은 새로운 세상을 향한 꿈을 그와 공유했고 어렵고 힘들 때면 언제나 그에게 도움을 청했던. 둘도 없는 동지였다.

동지를 떠나보내고 미처 그 슬픔이 마르기도 전에 다시 아버지를 떠나보내는 상주가 된다는 것, 상상하기 힘든 고통과 슬픔이 그를 덮쳤으리라. '슬픔만한 거름이 어디 있으랴.' 허수경 시인의 싯구처럼, 그 슬픔은 그를 더 강하게 만드는 거름이 되었던 것 같다. 그는 다시 일어나 맨 앞으로 나아가 역사의 수레바퀴를 되돌리는 보수정부의 나쁜 정치와 맞서 싸우기 시작했다.

———

오늘날 민주당 당사에는 김대중, 노무현 두 대통령의 사진이 걸려있다. 당연한 것처럼 보이지만, 원래 걸도록 되어있는 것은 아니다. 두 분 대통령을 떠나보내고, 당시 당대표이던 그는 '당의 기회주의를 청산하는 계기'로 삼겠다며 두 분의 사진을 당사에 걸었다. 애도의 뜻과 함께 두 분의 민주·평화 정신을 받들자는 다짐이었다.

뭉치면 살고 흩어지면 죽는다

2010년 지방선거는 MB정권의 중간평가 성격의 선거였다. 그의 입장에서는 민주당 당대표로 뛰어온 지난 2년간의 성과에 대한 평가였다. 전국의 광역·기초단체장, 교육감, 지방의원을 선출하는 지방선거는 워낙 선거 범위가 크다 보니 누가 이겼는지를 판단하기가 쉽지 않다. 6.2 지방선거 다음 날 한나라당 정몽준 대표가 사퇴했다. 민주당을 이끈 그가 결국, 승리한 것이다.

사실 2010년 지방선거는 민주당에게 의미 있는 완승이었다. 2007년 대선, 2008년 총선을 거침없이 승리하던 한나라당의 질주가 이 선거로 제동이 걸렸다. 민주당은 7석의 광역단체장을 확보했고, 수도권인 인천과 보수의 텃밭으로 불려온 강원도와 충남북에서도 승리를 거두었다. 서울의 25개 자치구에서 21명의 구청장을 배출했다. 이 선거로 한나라당은 중앙권력을, 민주당은 지방권력을 나눠가지면서 견제구도가 만들어진다.

2010년 지방선거를 총 지휘한 그의 작전은 '야권연대'였다. 그는 노무현 대통령 100재에 참석 후 당사로 돌아와 "민주·개혁진영의 통합과 혁신을 제안한다."며 "뭉치면 살고 흩어지면 죽는다."고 말했다. MB정권 심판을 위해 진보성향 야당의 지방선거 공동대응을 주문한 것이다. "통합은 최선, 연대는 차선, 단일화는 기본, 분열은 최악"을 주문처럼 외우고 다녔다.

그는 그렇게 '야권연대형 단일화'라는 지방선거 승리의 기틀을 만들어 놓았지만 개표 순간까지도 불안해 했다. 수많은 선거 예측 조사가 민주당의 열세를 전망했기 때문이다. 하루 종일 선거운동을 마치고 돌아온 뒤 여론조사 보고서를 보며 그는 고개를 갸우뚱하곤 했다. "이

상하네. 사람들과 악수해보면 우리가 이기는 게 확실한
데……." 이 선거 이후 그는 선거 여론조사를 잘 믿지 않
는다. 시장에서 악수하는 사람들의 힘과 온기로 선거결
과를 예측한다.

━

정치하면서 그가 가장 싫어하는 게 '말 바꾸기'다. 말
할 때는 신중하게, 그러나 한번 입으로 뱉은 말은 무
슨 일이 있어도 지켜야 한다는 게 그의 철학이자 소신
이다. 그런데 그는 요즘 "뭉치면 죽고 흩어지면 산다"
면서 국민들에게 제발 흩어지라고 말한다. 10여년 전
'뭉쳐야 산다'고 열변을 토하던 입장과 180도 바뀐 셈
이다. 무시무시한 코로나 앞에선 그도 어쩔 수 없나 보
다. 말을 바꾸고 말았으니 말이다.

종로에서 정치인생 2막을 열다

그가 내리 4선을 한 전라북도 무진장 지역구를 떠나 서울 도심 한복판 '종로'에서 제2의 정치를 시작한 사정은 사실 그리 간단치 않다. 그는 언제부터인가 '국회의원이 직업도 아닌데, 공천만 받으면 당선되는 호남에서 네 번이나 했으면 됐지, 후배들에게 자리를 양보해야 하는 것 아닌가, 새로운 도전을 해야 하지 않는가.' 라는 마음을 품고 있었다. 하지만 그 마음만으로는 결단을 못 내리고 있던 때였다.

2009년 봄 재보궐선거를 앞두고 그는 당대표로서 전주 출마를 고집하는 정동영에게 둘 다 호남에 불출마하자는 딜을 제안했다. 그 딜을 거부한 정동영 의원은 탈당 후 무소속으로 출마해 전주 국회의원이 되었지만, 그럼에도 불구하고 그는 '호남 불출마'를 선언하게 된다. 호남 불출마를 선언한 그에게 러브콜이 쏟아졌다. 성남,

강서, 과천에서 그를 호출했다. 그러나 그는 선뜻 결정하지 못했다. 기득권을 버린다고 호남 불출마를 결정했는데 수도권에서 '편안히 당선되는' 지역을 택할 수는 없지 않은가? 험지로 가자니 수 년 동안 그 지역의 텃밭을 일구어온 후배들을 밀어내야 하는데, 그럴 수도 없지 않은가? 이러지도 저러지도 못하고 있을 때였다. 마치 운명처럼 종로에서 기회가 찾아왔다.

2011년 분당 보궐선거가 생겼고, 종로를 지키고 있던 손학규 대표가 분당 출마를 위해 종로를 비우게 된 것. 종로는 민주당에게 무덤으로 불리는 곳이었다. 13대부터 18대 총선까지 민주당이 한 번도 이겨보지 못했으니까. 험지에 도전하면서 후배들에게 민폐를 끼치지 않아도 되는 종로. 더 이상 망설일 이유가 없었다.

종로에서 그의 첫 상대는 박근혜의 아바타라고 불리는 홍사덕 의원이었다. 2007 대선을 앞두고 박근혜 캠프의 공동선대위원장이었던 홍의원은 '친박연대'의 바람을 타고 기적같이 부활한 인물이자, 2004년 한나라당의 원내총무(지금의 원내대표)로서 노무현 대통령 탄핵을 주도했던 '친박좌장'이었다. 사실상 박근혜와의 싸움, 박근혜 아바타와의 종로대첩에서 그는 52.26%를 득표하여 승리한다.

⸺

종로에서 신인의 마음으로 도전하는 처지였지만, 그는 그래도 이미, 4선 국회의원이었다. 무진장에서는 4선을 지내는 동안 지역 주민들이 여행 떠나는 관광버스에 그는 한번도 오르지 않았다. 국회의원이 그런 일까지 해야 하냐는 생각에서였다. 종로 선거운동 기간에 그는 관광버스에 올라 넙죽 인사를 올렸다. 로마에 가면 로마법을 따라야 한다는 생각으로 4선의 자존심 따위는 다 버리고 초심으로 돌아간 것이다.

꼴찌는 난생 처음이다

2012년 6월, 그는 18대 대통령 후보 선출을 위한 민주통합당 대선경선에 출마했다. 그가 내세운 슬로건은 '든든한 경제 대통령'. 그는 '유능한 민주주의'를 내세우며, MB정권에서 후퇴한 남북관계, 민주주의, 경제정의를 복원하고 다가올 위기 극복을 위해서는 본인이 적임자라고 어필했다. 8월 25일부터 9월 16일까지의 전국 순회경선 결과는?

충격적이게도, 그는 꼴찌였다. 첫 경선지역인 제주부터 그는 꼴찌였고, 그의 고향인 전북에서 2위를 기록한 걸 빼고는 전 지역에서 내리 꼴찌를 기록했다. 그럼에도 불구하고 그는 경선 내내 초조해하지 않았다. 많은 사람들이 그가 중간에 포기할 것이라고 내다봤지만, 포기하지도 않았다. 묵묵히 대장정을 완주했다.

심지어 그는 '경선지킴이'를 자처했다. 모바일투표 논란으로 경선이 파행될 지경에 이르자, 완충역할로 고비를 넘기기도 했다. 친노와 반노로 팽팽하게 대립된 경선이 흔들리지 않기 위해서는 누군가 중재자의 역할을 해야 했다. 그는 그렇게 경선을 지키며 14차례나 정책 발표를 하는 등 그만이 할 수 있는 선거운동을 해나갔다.

지지자들과 모인 정리 집회에서 그는 이렇게 이야기했다. "1등은 많이 해봤는데, 3등까지도 해봤는데, 꼴찌는 처음이다. 갖출 것 다 갖추었다고 선택받는 것은 아니다. 시대정신과 맞아야지. 잘 맞지 않으면 조연하는 거고, 맞으면 주연 되지 않겠나." 사실, 그의 목표는 그 해의 대선 후보가 아니었다. "정치는 에스컬레이터를 타고 가는 것이다. 엘리베이터처럼 초고속으로 쉽게 올라갈 수 있는 게 아니다. 내가 이번에 대통령 후보로 나서지 않으면, 앞으로 나에게 후보가 될 기회는 오지 않는다. 저도 좋다. 단, 부끄럽게는 하지 말자." 먼 훗날을 내다 보았기에 그는 꼴찌였지만 부끄럽지도, 초조하지도 않았던 것이다.

———

문재인 대통령은 그의 저서 『1219 끝이 시작이다』에서 그해 경선을 이렇게 회고한다. "그는 당내 후보 경선 때도 언제나 선공후사의 원칙을 지키며, 모바일투표 논란 속에서도 경선이 파탄나지 않도록 지켜줬습니다. 정치적 경륜은 물론 분수경제론 등의 정책에서 가장 준비가 잘된 후보였습니다. 하지만 저와 지지기반이 겹치는 바람에 경선에서 피해를 많이 봤다는 미안함을 제가 갖고 있었습니다. 경선에서도, 본선에서도 제가 신세를 많이 진 셈입니다."

반성이 없으면, 발전도 없다

2013년 한 해를 달군 이슈는 단연 '국정원의 대선개입' 사건이었다. 국정원 댓글 조작 사건으로 불리는 이 사건은 2013년 3월, 국정원이 원장의 지시에 따라 인터넷 여론 조작을 했던 사실이 공개되면서 정국의 뇌관이 되었다. 이후 검찰수사, 국정조사 및 청문회, 재판이 이어지며 그 실체가 드러났다.

그해 겨울 그는 국정원 개혁 특별위원회 위원장을 맡아 무소불위의 국가정보원에 메스를 들이댔다. 어느 민주국가에도 우리 국정원처럼 막강한 권한을 갖고 있으면서도 통제받지 않는 기관이 없었던 만큼, 국회에 의한 국정원 통제의 기반을 마련하는 것이 우선 목표였다.

늘 그렇듯이 특위는 파행에 파행을 거듭하였지만, 그는 개혁협상을 타결하고 국정원 개혁을 위한 7개 법안을 통과시켰다. 무엇보다 우선으로 국정원의 '정치권 줄 서기'가 발도 못 붙이도록 정치관여 행위에 대한 처벌을 강화했다. 국정원법 개정을 통해 부당명령에 대해서는 직무집행 거부를 할 수 있도록 했고, '내부 고발자 보호 제도'라는 안전장치까지 마련했다. 국회 정보위원회를 전임 위원회로 만들고 예산통제도 받게 했다.

도저히 불가능해 보였던 국정원 개협법안의 합의를 이끌어 내기는 했지만, '국정원 대선개입'이라는 경천동 지할 충격에 비하면 '국정원 개혁입법'은 국민의 기대에 충분히 부응하지 못했다. 2차 개혁으로 대공수사권과 정보 및 보안업무에 대한 기획·조정권을 이관하는 문제 를 다루기로 했으나, 이는 새누리당의 비협조로 진전되 지 못했다.

"2012년 대선에서 국정원이 저지른 잘못에 대해 반성을 시작했다." 특위 활동을 마치면서 그는 이렇게 평가했다. 반성이 없으면 발전도 없다. 반걸음이라도 개혁이 옳다는 그의 신념이 다시금 빛을 발하는 순간이었다.

—

"제도와 사람을 함께 개혁해야 국정원을 제자리로 돌려놓을 수 있다." 그는 특위활동 기간 내내 이 말을 자주 했다. 제도 개혁은 국회가 하고, 사람 개혁은 대통령이 해야 한다고도 했다. 2020년 7월, 문재인 대통령은 박지원 국정원장을 임명했다. 2020년 12월 13일, 국정원의 대공수사권을 경찰로 이관하고 국내정보 활동을 차단하는 내용의 국정원법 개정안이 통과되었다. 박원장은 이에 대해 "역대 정부에서 추진했지만, 미완으로 남았던 국정원 개혁이 비로소 완성됐다."며 소회를 밝혔다.

진보도 유능해야 한다

2015년 6월, 문재인 당대표 체제에서 그가 새정치민주연합의 경제 사령탑을 맡았다. 이름하여 '유능한경제정당위원회' 위원장이다. 고도 성장을 거듭했던 경제가 내리막길에 접어들고 있었다. 내수 부진과 저성장이 고착화되고, 양극화는 깊어지고 있었다. 문 닫는 자영업자들이 갈수록 늘고, 대다수 중소기업들은 한계상황의 생존위기를 겪고 있었다.

특히 무엇으로 먹고 살아야 할지 막막했다. 자동차, 조선, 철강, 석유화학, IT산업 등 우리나라의 고도성장을 이끌어 왔던 주력산업들이 펀더멘탈까지 심각하게 흔들리고 있었다. 박근혜 정권의 '창조경제'는 구호만 요란할 뿐, 아무런 실질적 성과도 내지 못하고 있었다. 이미지와 의전에만 몰두하는 동안 국정 전반이 무능과 혼란에 빠져 있었다.

집권세력이 제 역할을 못한다면, 야당이라도 그 역할을 대신 해야 한다는 절박함으로 출범시킨 것이 '유능한 경제정당위원회'였다. 그렇게 반년 이상의 연구와 토론을 거쳐 내놓은 것이 '더불어 성장론'이다. 더불어 성장론은 사실 그의 '분수경제론'에 뿌리를 두고 있었다. 대기업과 부자가 잘 살면 그 혜택이 아래로 떨어져 나머지 국민도 잘산다는 낙수효과(trickle-down effect)에 반하여, 99%의 서민과 중산층을 먼저 잘살게 하여 그 힘이 경제 전체의 성장을 이끌게 하자는 것이 그의 '분수경제론'이었다.

"유능한 진보여야 한다." 20여 년 동안 그와 함께 일하며 가장 많이 들은 말 중 하나다. 우리나라에는 인권과 민주주의는 진보가, 경제는 보수가 유능하다는 것이 공식처럼 자리 잡고 있었다. 민주정부 10년간 경제 분야에

서 민주당의 능력을 뚜렷하게 보여 주지 못했기 때문이
란 게 그의 진단이었다. 도덕적 우월감을 넘어 능력의 우
월성까지 갖출 때, 진정 성공적인 민주정부를 완성할 수
있다는 신념으로 그는 지금도 '유능한 진보'가 되기 위
한 노력을 멈추지 않고 있다.

———

2011년, 그가 '분수경제론'를 내놓으면서 가장 고민했
던 부분은 '네이밍'이었다. 김대중 대통령의 '대중경제
론'을 모델로 삼았는데, '세균경제론'이라고 명명할 수
는 없는 노릇이었다. 그의 핵심논리인 분수효과가 영
어로는 'bottom up effect'로 분명한데, '분수경제론'이
라는 한글 이름으로 바꾸니 어색하기만 했다. 심지어
'분수를 지키는 경제'로 생각하는 사람도 있었다. 그런
우여곡절 끝에 그의 역작 『99%를 위한 분수경제』가
출간되었다.

될 때까지 도전한다! 청년세법

2015년, 그해에 그가 몰두했던 주제는 '청년'이었다. 그는 전문가들과 함께 통계청의 고용동향 마이크로데이터를 분석하여 청년실업률의 추세를 추적하고 있었다. 그 데이터 중에서, 통계청에서 발표하는 8%대의 청년실업률보다 3배 가까이 높은 '체감' 청년실업률의 급등이 가장 심각한 문제로 다가왔다. 당시는 양극화, 저성장 쇼크를 겪으면서 저출산 노령화 쇼크까지 목전에 다다른 상황이었다. 이러한 3대 메가 쇼크의 가장 큰 피해자는 청년이었다. 청년들의 고용절벽을 방치하면 청년의 미래는 물론 대한민국의 미래도 없는 것이므로 청년들에게 쓰는 돈은 과감하고 지속가능해야 한다는 게 그의 입장이었다.

그러한 연유로 그가 제안한 것이 '청년세' 도입이다. '청년세'란 당기순익 1억 이상 기업들이 순익의 1%를 사회에 환원하여 조달된 재원으로 청년고용 및 직업교육 훈련에 집중 투자하자는 제안이다. 2014년 기준으로 당기순익 1억원 초과기업은 11만 2,715개로, 이들의 순이익 총액은 168조원에 달한다. 명목상 1%를 사회에 환원할 경우 1조 6천억원의 청년재원이 마련될 수 있다.

청년세법 제정을 위한 첫 도전은 19대 국회 임기만료와 함께 폐기되었다. 20대 국회 들어 이번엔 국회의장의 자리에서 청년세법 '재수'에 도전했다. 국회의장 제1호 법안으로 '청년세법 제정안', '청년고용촉진특별법 개정안', '국가재정법 개정안' 등 이른바 '청년세법 패키지'를 발의한 것이다. 새누리당도 20대 국회 1호 당론법안으로 '청년기본법'을 제안한 상태여서 충분히 여야 합의가 가능할 것으로 기대했다. 그러나 국회의장이라는 '후광'을 등에 업고도 청년세법의 실현은 좌절된다. 법인세를 올리면서 청년채용까지 늘리라는 것은 기업에게 큰 부담이 된다는 반론을 넘어서기 어려웠다.

한국의 미래를 짊어질 청년들이 이대로 방치된다면, 우리 사회가 건실하게 성장할 수 없다는 그의 생각은 그때나 지금이나 변함이 없다. 청년경제 활성화를 위한 그의 도전은 삼수, 사수라도 계속될 것이다.

▬

그는 요즘 '청년미래준비금', '청년기금' 등과 같은 구상에 몰두하고 있다. 사회 생활을 시작하는 청년들에게 최소한의 균등한 기회 보장을 위한 구상이다. 그가 청년으로 살던 시절은 개천에서도 용이 나오는 시절이었다. 그러나 지금은 다르다. '금수저 대 흙수저'로 대변되는 세상을 살아가는 청년들은 자신의 능력이 아닌 사회경제 구조에서 기회를 박탈당하고 있다. 과연 그가 청년들의 부러진 사다리를 다시 세워줄 수 있을까?

여론조사와 싸워 이기다

2016년 4월, 그는 종로에서 재선에 도전한다. 상대는 서울시장을 역임한 오세훈 후보. 6번의 국회의원 선거 중 가장 긴장감 넘치는 선거였다. 상대후보는 객관적으로 많은 장점을 가지고 있었다. 첫째, 그보다 키가 컸다. 둘째, 10년이나 젊었다. 셋째, 그가 인정할지 모르겠지만 그보다 아주 조금(?) 잘생긴 편이었다. 종로가 술렁거렸다. 6선이 쉽지 않을 것이라는 전망이 우세했다.

선거예측 여론조사는 특히 더 그랬다. 대부분의 여론조사에서 상대후보는 그를 10% 포인트 앞섰다. 급기야 선거를 20일 앞둔 3월 23일 KBS-연합뉴스 여론조사에서 상대 후보와의 격차가 무려 17.3%포인트나 벌어졌다. 실제로 여론조사가 이 정도 차이가 난다면 선거는 해보나 마나다.

다음날 그는 트위터를 날렸다. "KBS 여론조사에서 상대 후보는 45.8%, 제가 28.5%로 보도가 되었습니다. 17.3%p 격차입니다. 이 숫자를 꼭 기억해 주십시오. 이것이 왜곡인지 아닌지 제가 증명해 보이겠습니다." 어떤 이는 허장성세로 생각했을 것이다. 또 어떤 이는 현실을 인정하지 못하는 꼰대의 고집이라 여겼을 것이다.

사실, 이날의 '트위터 선언'은 운동원과 지지자들을 위한 것이었다. 현장에서 느끼는 표심은 낙관할 수 없었지만, 조사 결과만큼의 차이는 분명 아니었다. 그런데 이런 조사가 우리 편을 무너뜨릴 수 있다. 지지자들은 투표를 포기하고 운동원들은 운동을 포기하게 되니, 치열한 접전이라면 이길 선거도 지게 된다.

선거 결과는 어떻게 나왔을까? 52.6% 대 39.7%. 여론조사 결과를 비웃는 그의 압승이었다. 1년 동안 지역구 주민을 상대로 한 '의정보고회 100회' 등 진기록을 남기며 발품을 판 결과였다. 그는 늘 말한다. "진짜 여론은 여론조사에 있는 것이 아니라 골목에, 시장에, 학교에, 거리에 있다"

———

선거 후에 많은 사람이 내게 물었다. 도대체 어떻게 이겼냐고. 진짜로 이길 줄 알았냐고. 2012년 총선에서 홍사덕 후보와 상대할 때, 나는 개표 결과를 기다리며 '당선소감문'과 '낙선소감문'을 함께 준비했다. 결과를 진짜 알 수 없었기 때문이다. 2016년에 나는 '당선소감문'만 준비했다. 그의 말대로 표심은 현장에 있고, 나 또한 현장에 있었다.

야당 국회의장, 국회를 들었다 놓다

2016년 6월, 그는 국회의장으로 선출된다. 14년만의 '야당 국회의장'. 노무현 대통령 탄핵 당시, 추리닝 바람으로 점거했던 바로 그 의장석에 이제는 당당히 의장의 자격으로 앉게 된 것이다. 국회는 국민 신뢰도에서 늘 꼴찌를 도맡아 하는 기관이다. 4년에 한번씩 국민들에게 표를 달라 호소하지만, 선거가 끝나면 늘 언제 그랬냐는 듯 민심을 외면해온 결과였다. 그는 의장석에 오르면서 '국회다운 국회'를 다시 세워야겠다고 다짐했다.

까놓고 말해서, 국회의장 자리는 흐르는 대로 있다가 떠나도 되는 자리다. 국민들이 역대 국회의장의 이름을 좀처럼 기억하지 못하는 이유가 그 때문이다. 그는 그런 존재감 없는 국회의장이기를 거부했다. 그 당시는 청와대의 무능과 전횡에 분노한 국민들이 야당에 힘을 실어준 여소야대의 상황. 국민에게 힘이 되는 국회가 되려면 국민의 목소리를 국회에 전달해야 한다고 그는 생각했다. 2016년 정기국회 개회식에서 그는 일을 내고야 만다. 당시 박근혜 정부의 사드 대응을 비판함과 동시에 우병우 수석의 사퇴론을 펼친 것. 그의 연설을 듣자 마자 여당 의원들은 일제히 퇴장했다. 거기서 그치지 않고 그날 밤 8,90명의 의원들이 그의 집무실로 몰려들어 그에게 린치를 가할 듯한 험악한 분위기까지 연출하였다.

사상 초유의 국회의장 습격 사건에 그는 어떻게 대응했을까? 분노한 여당 의원들을 청중이라 여기고 그는 또 다른 연설을 시작한다. "제가 그런 연설을 한 이유는, 의회가 위상을 찾기 위해서였습니다. 한쪽 편을 들어서 그런 소리를 한 게 아닙니다. 민주주의가 총체적으로 흔들리는 시기에 국회의장으로서 마땅히 해야 할 말을 한 것입니다. 저의 충정을 알아주셨으면 합니다." 새벽 두

시, 그의 연설을 들은 의원들은 조용히 물러났다. 그들이 그의 연설에 감화 받아 물러난 건 아닐 것이다. 하지만, 그의 연설에 틀린 말이 단 한 구절도 없었던 것만은 분명하다.

───

평소 그가 듣기 좋아하는 말은 '의회 민주주의자'였다. 우리 헌법이 3권 분립을 채택하고 있음에도 실제로는 그 헌법적 가치가 제대로 작동하지 못해온 것에 대해 그는 국회가 먼저 반성하고 국회 스스로 권위와 위상을 제대로 지켜야 한다고 생각했다. 2020년 5월 29일 8,766일간의 국회의원 임기를 마치며 그는 "국회의원은 졸업하지만 의회 민주주의자로의 꿈은 정치에 몸을 담는 마지막 순간까지 진행형이 될 것"이라며 국회의원으로서의 마지막 소회를 밝혔다.

소파는 가구가 아니다 국격이다

가깝고도 먼 나라 일본, 국회의장 취임 1년 만에 그의 방
일 일정이 잡혔다. 2012년 이후 한일관계 경색이 지속되
었고, 문재인 정부가 출범한 직후인 만큼 비정상적인 한
일관계를 정상화의 궤도로 올려놓기 위한 적기라고, 그
는 판단했다. 국회가 중심이 되어 양국 간 갈등과 마찰
의 요인을 관리하고 풀어나가는데 주도적 역할을 해나
갈 생각에서 추진된 방문이었다.

그때까지만 해도 소파의 높낮이가 문제가 될 줄은 상
상도 못했다. 일본 출국 전, 문희상 대통령 특사와 아베
총리 간 면담에서 높낮이가 다른 의자가 놓였던 것이 논
란이 되었다. 아베는 주커버그, 인도 특사, 유엔 사무총
장 등과의 면담에서는 같은 높이의 소파를 제공하고, 문
희상 특사에게는 자신보다 낮은 소파를 제공했던 것이
다. 기껏 소파 높이 따위로 방문객의 등급을 매기다니,

참으로 옹졸한 처사라 아니할 수 없다.

그는 아베 총리 면담이 확정되고 난 후 문희상 특사 사례와 같은 의전 논란이 발생하지 않도록 해달라고 일본 측에 요구했다. 그러나 출국할 때까지도 일본 측으로부터 확답을 듣지 못했다. 면담 당일, 재자 확인하사 아베 측은 대통령 특사 때와 동일한 의전이 제공된다고 답변했다. 이런 상황을 보고받고 그는 "단순한 의전 문제가 아니다. 이것은 국격의 문제다. 아베와 동등한 의전이 제공되지 않으면 면담을 진행하지 않겠다."고 통보했다.

잠시 후 동일한 높이의 소파가 놓인다는 일본 측의 응답을 받았지만, 그는 좀처럼 움직이지 않았다. 면담장의 소파 상태를 확인하기 위하여 선발대가 먼저 현장으로 출발했다. 현장에 동일한 높이의 소파가 놓여있다는 것을 확인한 후에야 비로소 그는 아베의 총리 관저로 출발했다.

—

그는 왜 소파의 높낮이에 그토록 집착했을까? 그는 이렇게 말한다. "저는 낮은 높이의 소파에 앉아도 괜찮습니다만, 정세균 개인 자격으로 일본 총리를 접견하는 게 아니라 한국 국회의장 자격으로 일본 총리와 회담하는 자리입니다. 국가를 대표하는 사람은 개인보다는 자기 나라 국민들의 자존심을 생각해야 하지요. 모든 일은 국민들이 바라보고 있으니까요. 결국 우리는 같은 높이의 소파에 앉아 회담을 했습니다. 국가 간 외교는 언제나 대등해야 합니다." 그의 소파론은 이렇게 요약될 수 있다. "소파는 가구가 아닙니다. 국격입니다."

법 만드는 청소부

그가 국회의장실로 출근하고 보니, 청소 노동자들이 애타게 직접고용을 요구하고 있다는 걸 알게 되었다. 그들은 예전엔 국회 직원이었는데, 언제부터인가 파견직이 되어버렸다고. 그들은 신임 국회의장이 올 때마다 국회 직원으로 일하고 싶다고 하소연했다. 이전의 신임 국회의장들은 늘 그러마고 약속을 했지만, 그 약속은 매번 지켜지지 않았다.

이전 국회의장들이 직접고용 약속을 못 지킨 건 정부의 반대 때문이었다. 기재부의 반대에 늘 가로막혔던 것이다. 이전의 국회의장들은 아마도 그쯤에서 포기했을 것이다. 그는 도저히 포기할 수 없었다. 이 일을 해결할 수 있는 직책에 있는 모든 사람들을 만나기 시작한다. 예산실장, 부총리, 차관, 청와대 정책수석, 그리고 총리까지 거의 모든 사람들을 만나 설득했지만, 일이 성사될 기미는 보이지 않았다.

　그는 국회의장으로서 그가 가지고 있는, 가장 무서운 무기를 꺼내 한판 붙기로 마음 먹었다. 2017년도 예산안을 통과시키기로 한 날, 그는 부총리와 예산실장을 그의 방으로 부른다. 그들은 여전히 안된다며 버텼다. 그가 서슬 퍼런 무기를 꺼내든 건 바로 그때였다. "그럼 나랑 한판 붙자. 이거 안 해주면 예산안이 예결위에서 넘어와도 나는 본회의에 상정 안 할 거다. 그리고 내가 국민들에게 이것 때문에 예산 통과 못한다고 알리겠다. 당신들이 옳은지, 내가 옳은지 국민들 보는 앞에서 싸움 한번 해보자." 예산안을 걸고 그는 그렇게 선전포고를 던졌다. 네시간 뒤, 항복 선언이 접수되었고, 청소 노동자들은 그토록 바라던 직접고용의 꿈을 이루게 되었다. "지금도 그 분들이 날 보면 친정오빠 대하듯 해요. 진짜로."

언젠가 인터뷰에서 그는 이렇게 말하며 웃었다. 그건, 나와 가장 가까운 이에게 행복을 주었다는 천진한 기쁨이 담긴 미소였다.

—

그는 기회가 있을 때마다 '질좋은 성장'을 주장한다. 고용 있는 성장, 균형 있는 성장, 혁신 주도 성장으로 이제는 양질의 성장을 추구해야 한다는 뜻이다. 특히, 사람의 존엄성을 높이는 좋은 일자리를 경제 운영의 기본 목표로 삼아야 한다고 강조한다. 그가 일자리 문제를 이야기할 때마다 꺼내드는 사례가 있다. "케네디 대통령이 어느 날 나사(NASA)를 찾았다. 그는 청사에서 마주친 한 청소부에게 무슨 일을 하느냐고 물었다. 그러자 청소부는 대답했다. 저는 우주인을 우주에 보내는 일에 종사합니다." 아마도 그는 법을 만드는 국회 청소노동자를 꿈꾸었을 것이다.

모든 특권, 내려놓다

그는 국회의장이 되면서 국회를 '국민에게 신뢰받는 국회'로 거듭나게 해야겠다고 결심한다. 국민들이 국회를 신뢰하지 않는 이유 중 가장 큰 것이 '일은 하지도 않으면서 과도한 특권을 누린다'는 것이다. 그는 취임하고 얼마 지나지 않아 '국회의원 특권 내려놓기 추진위원회'라는 조직을 만든다. 그 조직의 특이한 점은, 국회 내의 조직이면서 국회의원이 한명도 포함되지 않았다는 점이다. 그는 '스스로 개혁', 속된 말로 하면 '중이 제 머리 깎는 개혁'을 믿지 않는 사람이다.

예전부터 '방탄국회'라는 말이 있었다. 국회의원들은 불체포특권을 가지고 있으므로 어떤 짓을 해도 방탄복을 입은 것처럼 말짱하다는 의미로, 그 말에는 세간의 비아냥과 조롱이 담겨 있다. 그 불체포특권부터 개선하기로 했다. 원래 체포동의안이 정부에서 넘어오고 나서,

일정 시간 안에 표결 하지 못하면 효력을 잃게 한 조항이 문제였던 것이다. 국회의원끼리 시간 끌기로 버티면 어느 누구도 잡아갈 수 없었던 것. 그는 그 시간 제한을 없애버렸다. 그 뒤, 실제로 회기 중에 국회의원이 수감되는 수모를 겪게 된다.

당시 국민들은 "국회의원들은 비행기나 KTX도 다 공짜로 타고 다닌다며? 아주 잘나셨네." 이렇게 수군거렸다. 먼 옛날엔 그랬을지 모르지만, 사실 그런 건 이미 없어진지 오래다. 국회의원에 대한 불신이 그런 루머를 당연한 것으로 받아들이게 한 것이다. 어떤 언론에서는 국회의원 특권이 200개나 된다는 기사를 내보내기도 했다. 해당 언론사에 "200개가 뭐냐? 다 고치겠으니 알려달라."고 요청했으나, 구체적인 내용은 잘 모르겠다는 답을 듣기도 했다.

아무튼, 2020년 5월, 국회사무처가 국민 1만 5,880명을 대상으로 한 설문조사에서, '국민이 뽑은 20대 국회 좋은 입법 1위'는 '국회의원 특권 내려놓기 법'으로 조사되었다.

———

그는 '특권 내려놓기'의 일환으로 국회의원의 친인척 채용도 금지시켰다. 국회의원이 보좌관으로 자신의 친인척을 채용하는 관행이 사회문제화 되자, 가족관계로 밝혀진 보좌진들이 무더기로 사퇴하기도 했다. 당시 기자들 사이에는 '숨은 친인척 보좌관 찾기' 취재 경쟁이 한창이었고, 나도 유력한 취재 대상이 되었다. 너무 오래 함께 일했고, 결정적으로 내가 그와 얼굴이 닮았다는 이유에서다. 피 한방울 섞이지 않아도, 부부는 닮는다고 한다. 사실 따지고 보면 나는 가족보다 그와 함께한 시간이 더 많다. 나의 사랑하는 아내, 조서현과 수호, 예원 두 아이에게 미안하다.

탄핵의 의사봉을 들다

그와 박근혜 사이의 인연(혹은 악연)을 기억하는 사람들은 많지 않다. 그와 박근혜는 15대 초선 동기다. 1996년 15대 총선 때 그가 새정치국민회의 소속으로 첫 배지를 달고 2년 뒤 1998년 재보선 때 박근혜는 대구 달성에서 처음 당선돼 국회에 입성했다.

그렇게 의정활동을 시작한 두 사람은 국회 출입기자들이 선정하는 백봉신사상의 단골 수상자였다. '미스터 스마일'이란 별명을 가진 그는 가장 신사적인 의원에게 수여하는 이 상의 취지에 잘 맞아 2005년, 2006년 대상(공동 수상)을 포함 15차례나 수상자로 뽑혔다. 이어 박근혜는 2007년 한나라당 대선 경선에서의 깨끗한 승복이 계기가 돼 2010년까지 내리 네 번이나 대상을 받았다.

악연은 노무현 정부 시절인 2005년 말 사학법 개정 때 시작되었다. 당시 열린우리당 원내대표이던 그는 사학법 개정안을 밀어붙여 통과시켰고, 한나라당 대표였던 박근혜는 이에 국회 전면 보이콧과 장외투쟁으로 맞섰다. 사학법 개정 찬성여론이 반대보다 훨씬 높았고(찬성 55%, 반대 35%) 민생현안과 예산안처리가 시급한 가운데 53일이나 장외투쟁을 벌인 것이다. 그런 박근혜를 향해 그는 "127석이나 되는 책임 있는 정당이 국회를 볼모로 엉뚱한 주장을 펴는 것은 용납할 수 없다"고 몰아붙이며 TV토론을 제안하기도 했다.

인연과 악연을 교차하던 두 사람은 결국, 악연으로 다시 만나게 된다. 대통령 박근혜 탄핵 소추안 가결을 선포하는 자리에 그가 서게 된 것이다. 2016년 12월 9일, 대통령 탄핵소추안 표결에서 투표자 299명 중 가 234표,

부 56표, 기권 2표, 무효 7표로 탄핵소추안이 가결되었다. 오랜 인연과 악연을 거쳐온 현직 대통령을 청와대에서 쫓아내기로 결정한 순간, 의사봉을 두드리는 그의 심정은 어땠을까. 복합적인 감정들이 물밀 듯 밀려왔겠지만 그의 의사봉은 머뭇거리지 않았다. "대통령 박근혜 탄핵 소추안은 가결되었음을 선포합니다." 땅! 땅! 땅!

—

박근혜 정권 몰락의 신호탄은 어쩌면 2016년 9월의 김재수 농림부장관 탄핵, 즉 해임건의안 국회 의결이었다. 당시 새누리당은 '장관 필리버스터'(회의 지연을 위해 장관들이 의도적으로 답변을 길게 하는 것)와 '필리밥스터'(본회의 중 장관들의 식사시간을 보장하라는 억지)라는 신조어를 만들어내며 회의를 방해했다. 이러한 온갖 지연 전술에도 불구하고 그는 자정 직전, 차수 변경을 강행하여 새누리당의 허를 찌르고 해임안을 가결시켰다. 한다면 어떻게든 해내는 그의 돌파력이었다.

이번엔 내가 선거운동원이다

2018년 3월, 그해 6월 지방선거를 약 3개월 앞두고 국회
의장이었던 그가 깊은 고민에 빠진다. 종로 제1선거구에
서 시의원 출마를 준비해 오던 동지가 불가피한 사정으
로 출마 포기를 결정한 것. 1선거구는 보수성향이 강해
민주당 당적으로는 당선이 쉽지 않은 지역구였다. 내리
3선을 한 자유한국당 시의원이 4선에 도전하는 상황이
었으니까. 그는 나에게 두 가지 주문을 했다. 마지막으
로 출마를 한 번 더 설득해 볼 것. 설득이 안 되면 빨리
다른 후보자를 물색해 볼 것. 둘 다 여의치 않았다. 낙선
할지도 모르는 곳에 선뜻 나설 마땅한 후보자를 찾기는
쉽지 않았다.

후보자가 없다고 보고하자, 생각에 잠겨 있던 그가
순간, 나를 보며 말했다. "자네가 벤처 하듯이 한번 해보
는 건 어떤가? 되면 좋고, 안되면 다음 도전을 위한 경험

으로 삼으면 되지 않겠나?" "전혀 준비가 안 되어 있는
데요." "자네 그 동네에 살고 있지 않나? 종로에 대해 자
네만큼 잘 아는 사람도 없고. 그 정도면 준비된 거지."
"……." 내 인생에서 가장 어려운 결정이었지만 고민할
시간이 없었다. 다음 날 사표를 내고 나는 국회의장 정
무비서관에서 물러났다.

전쟁터에 밀어 넣은 후배를 돕고 싶은 마음은 굴뚝같
았겠지만, 그는 선거운동원이 될 수 없었다. 국회의장은
무소속 신분으로 선거에 개입할 수 없기 때문이다. 2018
년 5월 29일, 국회의장의 임기를 마친 그는 다음날 새벽
부터 나의 '선거운동원'으로 변신했다. 지하철 역 앞에서
그는 부지런히 내 명함을 돌렸다. 내가 건넬 땐 손사래
치던 주민들도 전 국회의장님이 건네는 명함은 감히 외
면하진 못했다.

십 수 년 간 나는 사람들에게 그의 명함을 나누어 주었다. 이제, 거꾸로 그가 내 명함을 나누어 주고 있다. 그의 뒷모습을 보면서 아마도 머지않아, 내가 또 그의 명함을 나누어 줄 날이 올 것이라 직감했다.

—

민주당의 공천을 받기 위해 '공천 신청서'를 준비하고 있던 어느 날 밤 그에게서 전화가 왔다. "출마를 결정한 이상 선거는 이기는 게 최선이야. 아무리 생각해봐도 1선거구는 다른 사람을 찾아보고, 자네가 2선거구에 나가는 게 어떻겠나?" 2선거구는 1선거구와 정 반대로 민주당에게 절대 유리한 지역이었다. 이길 테니까 걱정 마시라고, 큰소리를 치며 나는 전화를 끊었다. '운이 좋게' 말고는 달리 설명하기 어려운 상황 속에서 나는 종로구 제1선거구 시의원으로 선출되었다.

고심 끝에 국무총리에 서다

그의 국무총리설이 오르내리기 시작한 것은 2019년 7월 부터였다. 라디오 인터뷰에서도, 지인들에게서도, 종로의 주민들로부터도 소문의 진위를 묻는 질문이 이어졌다. 그 때마다 그는 주저 없이 답했다. 그럴 리 없다고. 아마 총리직 제안도 없을 것이고, 설령 제안이 오더라도 수락 하기 어려울 것이라고 말했다. 총리설에 손사래를 친 이 유는 '입법부의 위상' 때문이었다.

그는 의회주의자다. 의회는 국민들의 다양한 이해를 대표하여 사회 갈등을 조정하며 국민적 합일점을 만들 어내는 핵심 기구다. 그는 늘 민주주의의 성공과 발전의 열쇠는, 의회가 이러한 기능을 얼마나 제대로 수행하느 냐에 달려 있다고 말했다. 때문에 국회의장을 지낸 그로 서는 국회의 독립성과 자율성을 그 무엇보다 중시했다. 총리직을 수락하는 것이 자칫 '입법부의 위상'에 흠집을 내게 되지 않을까, 그는 우려했던 것이다.

그런 이유로 그는 총리직 제의를 여러 차례 사양했다. 그냥 사양 정도가 아니라, 다른 분을 적극적으로 추천하면서까지 고사했지만, 그의 생각대로만 되지 않았다. 문재인 대통령이 국무총리 인선 발표에 직접 나서 "입법부 수장을 지낸 분을 국무총리로 모시는 데 주저함이 있었지만……"이라며 그의 고민을 대신 표현해 주었다.

무엇이 그의 마음을 돌리게 했을까? 짐작컨대, 첫째는 공직자의 도리였을 것이다. 둘째는 새로운 총리상의 제시였을 것이다. 최초로 '입법부의 위상 강화'를 위하여 노력하는 총리가 되려고 결심한 것. 총리 지명 이후 인사청문회에서 그는 "국정의 파트너인 국회를 존중하고 소통과 협치를 통한 정치 복원의 기회로 삼겠다. 정치 발전을 위해 의회와의 소통을 넘어 실질적인 협치 모델을 구현해 나가겠다."고 밝혔다.

——

전직 국회의장을 국무총리에 임명하는 것에 대해 많은 사람들이 '의전 서열' 문제를 따졌다. 외교부의 의전 편람에 의전 서열이라는 게 있는데, 1번이 대통령, 2번이 국회의장, 3번 대법원장, 4번 헌법재판소장, 그리고 5번 국무총리 순서다. 2번이 5번으로 내려가는게 맞냐는 이야긴데, 예상과는 달리 그는 의전 서열을 한번도 고민하지 않았다. 2위건 5위건 그건 자신의 소유가 아니라, 시민으로부터 위임받은 것일 뿐. 선출직 공직자의 길을 소명으로 삼고자 한다면, 어떤 자리에서건 국가와 사회를 위해 최선을 다할 수 있어야 한다는 것이다.

국가와 사회를
위해 헌신하는
총리가 되겠습니다!

포항이 낳은 독립운동가의 사위

그가 부인 최혜경 여사와 처음 만난 건, 대학 시절 미팅에서였다고 한다. 연애하던 중, 입영 통지서를 받은 그는 기다리지 말라는 말만 남기고 입대날짜도 알려주지 않은 채 홀로 입영열차를 탔다고 한다. 최혜경 여사는 무슨 이유에선지 3년 내내 그를 기다려 주었다. (당시 군 복무 기간은 36개월이었다.) 제대하고 그녀의 고향집으로 인사를 드리러 갔는데, 장인은 몇 마디 대화를 나눠보더니 흔쾌히 오케이를 하셨다고 한다. 장인 어른은 어떤 분이길래 선뜻 그를 사윗감으로 낙점했을까?

그의 장인 최홍준 선생은 1920년 영일군 의창면 (현 포항시 흥해읍)에서 태어났다. 보성전문학교에 재학 중이던 1940년 휴학을 하고 현해탄을 건너 동경 연수학관 영문과에 입학한다. 입학한 첫 해에 그가 한 일은 항일결사단체 '효민회' 결성. 이듬해 귀국한 그는 식민통치의 부당성을 비판하며 조선어 연구를 통한 민중계몽활동을 펼친다. 일본의 패망을 예견하고 독립투쟁의 실행방안을 더욱 구체화시키던 중, 결국 그는 일경에 붙잡히게 된다. 1944년 1월, 징역 5년형을 언도 받고 복역하다가 감옥에서 해방을 맞이하게 되었고 훗날 그는 이러한 공로를 인정받아 건국훈장 애국장을 받게 된다. 그리고 해방 후, 그는 국회의원에 세 번 출마를 했지만 모두 낙선의 고배를 마셨다고 한다.

이쯤에서 포항 출신 독립운동가인 장인이 그를 낙점한 이유를 추리해 보면, 일단 보성전문의 후신 고려대학교 출신이라는 것. 두 번째로는 정치의 꿈을 품었다는 것. 자신이 못 다 이룬 꿈을 이뤄줄 사람으로 보성전문의 후배를 맞아들인 게 아닐까, 나만의 뇌피셜을 써보는 바이다.

그의 장인어른은 생전에 그가 국회의원으로 당선되는 것을 보지 못했다. 아쉽게도, 당선되기 한 해 전에 세상을 떠나셨기 때문이다. 그가 당선되는 날, 장인은 하늘에서 사위가 자신의 꿈을 대신 이루어줬다고 뛸 듯이 기뻐하지 않으셨을까. 아직도 경북 지역으로 선거운동을 하러 돌아다닐 때면, 그의 자기 소개는 이렇게 바뀐다. "포항의 사위, 정세균입니다."

———

2020년 1월 설 명절을 맞아, 그는 독립운동가 김영관(95광복군동지회 회장) 애국지사의 자택을 방문했다. 김영관 애국지사는 경기도 포천 출생으로 1944년 일본군에 강제 징병되어 배속됐다가 중국 무석(無錫)에서 탈출해 한국광복군 징모 제3분처에 입대하여 항일 운동에 매진하신 분이다. 이제 하늘에 계셔서 명절에 뵙지 못하는 장인 어른을 찾아가는 마음으로 그는 그 곳에 가지 않았을까. 장인 어른이 못 다 이룬 꿈, 더 크게 이루겠다는 다짐을 안고

기부, 어떻게 했냐건 웃지요

국무총리 후보자 인사청문회 당시, 그의 기부금이 도마에 오른 적이 있다. 매년 수천만 원의 기부를 했는데, 무슨 돈으로 그렇게나 많은 기부를 했냐고 의원들이 따져 물었다. 그는 별 대답 없이 그냥 허허 웃어넘겼다. 그는 왜 대답 대신 웃음만 지었을까?

  그의 기부는 남들처럼 어느 정도 자리를 잡은 뒤에 시작된 것이 아니다. 쌍용에 입사한 신입사원 시절부터 그는 진안의 초등학교에 책을 보내기 시작한다, 그 다음해부터는 대양장학회를 만들었고, 매년 50여명의 장학생을 선발하여 천여만원을 기부하는 등 기부활동을 지속적으로 해오고 있다. 2016년부터는 모교 신흥고에 그가 기부한 장학금을 토대로 '정세균 장학금'이 만들어지기도 했다.

국회의원이 되어서도 그의 기부는 계속된다. '천사클럽'이라는 게 있다. 희망제작소에 매월 10만원씩 1004회 이상 기부한 사람에게 주어지는 명예인데, 그는 작년에 '천사클럽' 회원이 되었지만, 아직 그 기부는 계속되고 있다. 그는 '아너소사이어티' 멤버이기도 하다. 사랑의 열매에서는 일정액 이상 기부한 사람에게 '아너소사이어티' 가입 증서를 수여하는데, 작년에 그는 그 기부액을 달성했다.

청문회 이전까지 사람들은 그가 그렇게 많은 액수를 기부하고 살아왔는지 알지 못했다. 신입사원 시절부터 꾸준히 기부를 해왔다는 사실이 공개되는 것도 이 책이 처음일 것이다. 그만큼 그에게 '기부'는 큰 맘 먹고 하는 특별한 이벤트가 아니었다. 나라와 사회를 위해 봉사하고 헌신하는 것이 그가 생각하는 '정치'라면, '기부'는 그의 그런 '정치'에서 비롯된, 자연스러운 일상이었던 것이다. 기부금의 출처를 묻는 의원들의 질문에 그가 웃음을 지을 수 밖에 없었던 이유이다. 매일매일 숨 쉬듯 해오던 일을 어떻게 할 수 있었냐고 따져 묻는다면, 웃음이 나올 수 밖에 없다. '왜 사냐건 웃지요.'란 유명한 싯구를 빌려와 말하자면, '어떻게 했냐건 웃지요.'

—

그가 방글라데시에 출장 갔을 때의 일이다. 그곳에는 선교활동을 하고 있는 그의 친구가 있었다. 아파도 제 때 치료받지 못하는 빈민들에게 응급 처치로 수지침을 놓아주는 봉사도 하는 친구였다. 그는 열악한 환경에서 일하는 친구가 안쓰러워 돈 봉투를 전했다고 한다. 그런데 마침 그날 다리가 퉁퉁 부은 아이 하나가 친구를 찾아왔다. 침으로 해결될 일이 아니었다. 병원에 왜 안 가느냐 했더니 돈이 없다는 대답이 돌아왔다. 친구는 그에게 받은 봉투를 꺼내 고스란히 그 아이에게 줬다고 한다. 선행은 선행을 낳는 법.

신라의 달밤

일급비밀을 폭로하자면, 그는 음치다. 열심히는 하는데 듣기는 편치 않다. 아무리 음치라 하더라도 표를 구하러 다녀야 하는 국회의원은 노래 한가락 해야 하는 자리를 피할 수 없다. 유권자가 시키면 군소리 없이 해야 하는 게 이 세계의 불문율이다.

오세훈 전 서울시장과의 결전을 준비하던 2015년 즈음의 일이다. 그때는 종로바닥에 '3명만 모이면 그가 나타난다'는 소문이 돌 정도로 말 그대로 종로를 쓸고 다니던 시기였다. 어느 날 노인종합복지관에서 주관하는 어르신 잔치에 그가 어김없이 나타났다. 평소와는 달리 어르신들이 넓은 홀에서 스탠딩으로 춤도 추고 노래도 부르며 분위기가 흡사 실버 콜라텍 같았다.

그는 인사를 마치고 우레와 같은 박수를 받으며 무

대에 올라 마이크를 잡았다. 그 때까지만 해도 그 날의 참사를 아무도 예상하지 못했다. 사건은 곧 이어 '신라의 달밤' 반주가 흘러나오면서 발생했다. '신라의 달밤'이라니. 그가 평생 한 번도 불러본 적 없는 노래였다. 그는 당황했다. 하지만 워낙 유명한 노래인지라 어르신들의 한호소리는 높아져만 갔고, 이미 정지 버튼을 누르기엔 너무 늦어버린 상황. 정말 열심히 꾸역꾸역 노래를 불렀다. 그것도 심지어 2절까지.

그의 18번은 '유정천리'나 '잊으리'였다. 그런데, 그를 수행하던 비서가 너무도 자신 있게 그의 18번은 '신라의 달밤'이라고 행사 주최 측에 미리 알려줬던 것이다. 무대를 마치고 내려오는 그의 얼굴은 '붉으락푸르락'이었다. 행사를 끝내고 올라탄 엘리베이터 안에서 비서는 이실직고 할 수밖에 없었다. "야! 이! 사람아!! 자네는 아직

내 18번도 모르고 말이야, 아니 모르면 물어봐야지. 이
사람아!" 그 비서는 그와 함께 일한 후 처음으로 사표를
낼지 말지, 심각하게 고민했다고 한다.

———

나는 그와 20여년의 시간을 보냈지만, 나보다 오랜 시
간을 함께 일하는 비서관도 있다. 다른 보좌진들도 10
년은 기본이다. 보좌진의 출신지역도 다양하다. 호남
은 물론 제주, 충청, 포천, 대구 등 말 그대로 조선팔도
에서 다 불러 모은 '전국구'다. 성실하고 능력이 있으면
다른 것은 따지질 않는다. 그는 쉽게 사람을 인정하지
않지만, 한번 인정하고 함께할 동지라 생각하면 잘 바
꾸지 않는다. 그래서 그의 '인사'에는 한 번도 잡음이
없었다.

항아리 속의 '히든 챔피언'

"허리가 문제야." 그가 대한민국 경제를 걱정하며 자주 하는 말이다. 우리나라 산업은 몇몇 대기업과, 숫자는 많지만 규모가 작은 중소기업으로 이뤄진 '호리병형' 구조여서 중견기업의 비중이 빈약하다. 그래서 미국이나, 독일처럼 중견기업이 많은 '항아리형' 산업구조로 전환해야 한다는 것이다. 그래야만 웬만한 외풍에도 견딜 수 있다.

산자부 장관이었던 그가 집중했던 정책이 혁신형 중소기업을 중견기업으로 육성시키는 일과, 전통형 중견기업의 글로벌화를 지원하는 일이었다. 국무총리로서도 그는 "혁신성과 잠재력을 갖춘 강소·중견 기업을 발굴해 R&D부터 상용화, 판로 개척에 이르기까지 각 단계별로 기업 규모와 특성에 맞게 지원을 강화하겠다"는 포부를 밝혔다.

그의 걱정과 고민은 여전히 크다. 지금 우리는 대기업과 국민경제의 성장이 서로 엇갈리고, 장기적으로는 기업의 성장마저도 한계가 그어지는 구조적 위기를 맞이하고 있다. 대기업들이 국제경쟁 환경에서 경쟁력을 갖추기 위해 더 싼 노동력과 재료비, 시장접근성을 찾아 글로벌 소싱에 나서게 되면서, 협력기업들은 간 곳을 잃는 현상이 일상화되고 있다.

그 결과가 기업 생태계의 극단적 양극화다. 매년 수많은 스타트업들이 만들어지고 혁신적인 아이디어가 세계 어느 나라보다 많이 분출되고 있지만 혁신성과 첨단기술을 무기로 새롭게 대기업의 반열에 합류하는 '히든 챔피언' 이야기는 듣기 힘들다.

코로나 이후 더욱 거세질 국제경쟁의 격류 속에서 우

리가 살아남고 번성하기 위해서는 '호리병형' 경제구조가 '항아리형'으로 바뀌어야 한다. 기업활동이 자유로운 나라, 창의성이 창업으로, 창업이 성장으로 이어지는 나라, '히든 챔피언'들이 대기업 후보 대열에 쭉 늘어서 있는 항아리형 경제의 나라. 그가 그리는 대한민국의 미래다.

———

'히든 챔피언(Hidden champion)'이란 삼성이나 현대처럼 사람들에게 잘 알려져 있는 기업은 아니지만, 기술력과 품질로 글로벌 시장을 지배하는 우량기업을 일컫는 말이다. 이름보다는 제품으로 승부하는 기업이다. '히든 챔피언'은 경제에만 있는 것이 아니다. 정치에도 있다. 화려하고 떠들썩하지는 않지만, 함께 잘 사는 따뜻한 대한민국을 위해 뚜벅뚜벅 한 길을 걸어온 사람. 그가 바로 '히든 챔피언'이다.

사진으로 다시 보는
정세균의 쉼 없는 길

정치가를 꿈꾸는 초등학생

그는 난생 처음 동네 담벼락에 붙은 선거 벽보들을 접하고,
벽보 속의 사람들과 온갖 선거 구호들을 신기한 듯 쳐다보게 된다.
그 순간, 그는 마음 속으로 이런 다짐을 했다.
'나도 언젠가 저런 벽보에 나오는 사람이 되어야겠다.'

빵돌이, 학생회장이 되다

'빵돌이'라는 놀림은 그에게 열등감을 안겨주기보다,
하나의 좋은 자극제로 작용한 게 아닐까.
낮에는 일하고 밤에는 공부하면서 전액 장학금을 따내고
학생회장의 자리까지 올랐다.

돈 안 드는 선거

법학과 학회장이었던 그는 법대 친구들의 독려 하에
선거에 나서게 되지만, 동원할 자금은 한 푼도 없었다.
어떤 편법이나 부정 없이, 오직 인물 위주의 승부로
그는 총학생회장에 당선된다.

세계를 배우고 돌아오다

국비유학 말고는 달리 개인이 유학을 갈 수 없던 시절,
세계로 나가 주경야독으로 공부를 해서
정치를 위한 디딤돌로 삼겠다는 마음으로
종합무역상사에 입사하게 된다.

무진장, 결코 쉽지 않았던 '도전'

신문이나 방송에서 지방의 정치 신인을 기사로 띄워줄 리도 없고,
어디든 달려가 얼굴을 알리고, 악수를 청해야 했다.
결혼식 주례도 마다하지 않았고, 모든 상가의 조문객이 되었고,
시장통은 물론이고 심지어 계 모임까지도 찾아다니며
그는 부지런히 뛰어다녔다.

추리닝 바람으로 국회의장석을 지키다

탄핵안 처리를 막기 위한 농성에서 의장석을 지키는 임무가
그에게 주어졌다. 점거농성 3일째인 3월 12일 새벽 3시 50분,
야당 의원들이 들이닥쳐 의장석을 차지하려고 했다.
그는 추리닝 바람으로 의장석을 붙잡고 완강히 버텼다.

세상을 바꾸는 전깃불이 되다

산자부 장관으로서 그가 출범시킨 것이 '한국에너지재단'이다.
에너지 관련 기업이 출연한 기금을 바탕으로
에너지 빈곤 계층도 생활에 필요한 최소한의 에너지는
사용할 수 있도록 해주자는 취지였다. 그는 초심을 잃지 않고,
가난한 사람들에게 '세상을 바꾸는 전깃불'이 되어주었다.

19:0에서 구원투수로 출전하다

2004년 총선 이후 전국적으로 19군데에서 이루어진
국회의원 재보궐선거에서 열린우리당의 스코어는 '빵'이었다.
2008년 7월 6일. 19:0의 상황에서 그가 구원투수로 출전한다.
결국, 19연패 뒤에 소중한 1승을 거두게 된다.

밥이 소중한 걸 제대로 알았다

단식을 끝내고 몸을 돌볼 틈도 없이 그는 강행처리에 항의해
의원직 사퇴서를 국회의장에게 제출하고, '100일 장외투쟁'에 나선다.
의료진들로부터 '무리하지 말라'는 권고를 들었지만
"힘들다고 쉬고 있을 수 없는 때"라며 그는 거리로 나섰다.

슬픔이 마르기도 전에 다시 상주로

그에게 노무현 대통령은 기질과 행동은 달랐지만 꿈을 공유했던
정치적 동지였고, 김대중 대통령은 따르고 싶은 롤 모델이자
큰 산처럼 그를 일깨워주는 정치적 스승이었다,
당시 그의 심정은 부모님을 차례로 떠나보내는
상주의 슬픔과도 같았으리라.

종로에서 정치인생 2막을 열다

종로는 민주당에게 무덤으로 불리는 곳이었다.
13대부터 18대 총선까지 민주당이 한 번도 이겨보지 못했으니까.
험지에 도전하면서 후배들에게 민폐를 끼치지 않아도 되는 종로.
더 이상 망설일 이유가 없었다.

정세균 ✔
@sk0926

KBS 여론조사에서 오세훈 후보 45.8%,
제가 28.5%로 보도가 되었습니다.
17.3%p 격차입니다.
이 숫자를 꼭 기억해 주십시오.
이것이 왜곡인지아닌지 제가 증명보이겠습
니다.

여론조사와 싸워 이기다

52.6% 대 39.7%. 여론조사 결과를 비웃는 그의 압승이었다.
1년 동안 지역구 주민을 상대로 한 '의정보고회 100회' 등
진기록을 남기며 발품을 판 결과였다. 그는 늘 말한다.
"진짜 여론은 여론조사에 있는 것이 아니라
골목에, 시장에, 학교에, 거리에 있다"

국회 환경미화원 여러분!
한 가족이 된 것을 환영합니다.
- 국회직원 일동 -

법 만드는 청소부

"지금도 그 분들이 날 보면 친정오빠 대하듯 해요. 진짜로."
언젠가 인터뷰에서 그는 이렇게 말하며 웃었다.
그건, 나와 가장 가까운 이에게 행복을 주었다는
천진한 기쁨이 담긴 미소였다.

탄핵의 의사봉을 들다

현직 대통령을 청와대에서 쫓아내기로 결정한 순간,
의사봉을 두드리는 그의 심정은 어땠을까.
복합적인 감정들이 물밀 듯 밀려왔겠지만 그의 의사봉은 머뭇거리지 않았다.
"대통령 박근혜 탄핵 소추안은 가결되었음을 선포합니다."
땅! 땅! 땅!

고심 끝에 국무총리에 서다

그는 총리직 제의를 여러 차례 사양했다.
무엇이 그의 마음을 돌리게 했을까? 짐작컨대, 첫째는
공직자의 도리였을 것이다. 둘째는 새로운 총리상의 제시.
최초로 '입법부의 위상 강화'를 위하여
노력하는 총리가 되려고 결심한 것이다.